Guia Prático de Qualidade de Vida

ALBERTO OGATA
SÂMIA SIMURRO

Guia Prático de Qualidade de Vida

Como planejar e gerenciar o melhor programa para a sua empresa

ALTA BOOKS
EDITORA
Rio de Janeiro, 2018

Guia Prático de Qualidade de Vida: Como planejar e gerenciar o melhor programa para a sua empresa
 ISBN: 978-85-508-0348-7

Impresso no Brasil.

Obra disponível para venda corporativa e/ou personalizada. Para mais informações, fale com projetos@altabooks.com.br

---

Copidesque
Andréa Mendes Ferreira Rosa

Editoração Eletrônica
Estúdio Castellani

Revisão
Carolina Menegassi Leocadio | Laura van Boekel Cheola

Produção Editorial
Elsevier Editora - CNPJ: 42.546.531./0001-24

CIP-Brasil. Catalogação-na-fonte
Sindicato Nacional dos Editores de Livros, RJ

O28g Ogata, Alberto
Guia prático de qualidade de vida : como planejar e gerenciar o melhor programa para a sua empresa / Alberto Ogata, Sâmia Simurro. – Rio de Janeiro : Alta Books, 2018.

Anexos
Inclui bibliografia
ISBN 978-85-508-0348-7

1. Qualidade de vida no trabalho. 2. Promoção de saúde dos empregados. 3. Hábitos de saúde. I. Simurro, Sâmia. II. Título.

09-3130. CDD: 613.62
CDU: 613.62

ALTA BOOKS
EDITORA

Rua Viúva Cláudio, 291 — Bairro Industrial do Jacaré
CEP: 20970-031 — Rio de Janeiro - RJ
Tels.: (21) 3278-8069 / 3278-8419
www.altabooks.com.br — altabooks@altabooks.com.br
www.facebook.com/altabooks

Apresentação

Larry S. Chapman

Os programas de qualidade de vida no ambiente de trabalho estão cada vez mais disseminados em todo o mundo. Sabemos que o trabalho é um espaço extremamente importante para influenciar as pessoas para que adotem estilos de vida saudáveis e melhorem seus níveis de saúde em praticamente todos os países. Os trabalhadores passam uma quantidade significativa de horas do dia no ambiente de trabalho. Desse modo, as relações sociais, os benefícios, as estratégias de comunicação, o estilo de vida (alimentação, atividade física, gerenciamento do estresse, relacionamentos), o desenvolvimento intelectual (treinamento, educação, cultura) permeiam o mundo do trabalho. Os especialistas no mundo todo reconhecem a importância de utilizar esse espaço para melhorar a qualidade de vida e o bem-estar das pessoas. Tenho certeza de que o processo de repensar o papel potencial do ambiente de trabalho e as suas organizações na promoção da saúde de nossas populações é importante e crucial para todos os países e as pessoas.

Este guia, escrito pelos especialistas Alberto Ogata e Sâmia Simurro, será de grande importância para ajudar nesse processo, pois oferece, de forma prática e tangível, modelos e metodologias que serão muito valiosos para transformar o ambiente de trabalho brasileiro. Considero fundamental que os programas sejam adaptados à cultura de cada país, utilizando os conhecimentos já consolidados em âmbito internacional.

Os autores oferecem uma abordagem prática sobre como a qualidade de vida pode ser melhorada e promovida pela integração de programas bem estruturados nas organizações e nas empresas.

Este guia oferece, por meio de uma metodologia bem planejada, as principais definições para o estabelecimento do marco teórico dos programas, as adaptações culturais e os modelos internacionais que foram aplicados com sucesso em inúmeras organizações. Em seguida, a publicação demonstra as bases científicas que conduzem a gestão dos programas aos resultados mais efetivos para as organizações públicas e privadas, que vão catalisar e mobilizar os líderes para se envolverem com a promoção da qualidade de vida e do bem-estar dos trabalhadores.

Uma vez estabelecidas as bases teóricas e conceituais, os autores apresentam um modelo passo a passo que permite tornar realidade um programa de qualidade de vida no ambiente de trabalho. Essas estratégias e ações são muito úteis e vão se beneficiar dos valores culturais que demonstram a relevância da promoção da qualidade de vida no Brasil. Algumas etapas são bastante importantes, como a avaliação diagnóstica, o planejamento adequado e a correta comunicação visando ao resultado que a empresa deseja. A seguir, são apresentadas recomendações gerais, de caráter prático, que certamente ajudarão a garantir o sucesso da gestão dos programas nas organizações brasileiras. Finalmente, uma série de modelos, exemplos e atividades vão colaborar para que os gestores possam iniciar rapidamente as ações com os empregados de suas organizações. Naturalmente, esses modelos devem ser adaptados ao contexto de sua empresa. Sugiro, sempre que necessário, recorrer ao apoio de especialistas para a escolha de ações mais eficazes e que propiciem melhor retorno sobre o investimento.

Tenho certeza de que você encontrará muitas respostas para seus programas neste guia, bem como estímulo para iniciar a sua jornada pessoal em busca de melhor qualidade de vida, juntamente com sua família e amigos. Espero que este caminho seja agradável para você e valioso para todos nós.

Larry S. Chapman, MPH
Vice-Presidente – WebMD Health Services
Editor de *The Art of Health Promotion*
Coordenador da certificação em Gestão de Programas de Qualidade de Vida e Bem-Estar nas organizações do National Wellness Institute

Apresentação

Judd Allen

Algumas ideias são tão boas que você deseja levá-las para casa. Bem-estar é uma delas e diz respeito a ter uma existência bem vivida. Significa mergulhar nos aspectos emocional, social, intelectual e físico em um todo vital e coerente. Também está relacionado a evitar os riscos desnecessários à saúde e se envolver em atividades que fazem a pessoa se sentir confortável em todos os aspectos e cheia de vida. Finalmente, se trata de enfrentar, de maneira proativa, os desafios relacionados à qualidade de vida que surgem em nosso caminho, para poder desfrutar de uma vida longa e saudável.

Este livro traduz para o contexto brasileiro os conceitos, os princípios e as aplicações práticas que foram desenvolvidos para a abordagem da qualidade de vida no ambiente de trabalho em outros países, principalmente os Estados Unidos. Os especialistas Alberto Ogata e Sâmia Simurro estudaram profundamente o setor do bem-estar que tem se desenvolvido nos últimos 25 anos e que hoje está presente na maioria das empresas norte-americanas. Eles também estabeleceram contatos com outros entusiastas do movimento da qualidade de vida, buscando experiências em diversos países. Este livro é o resultado desse grande esforço de pesquisa.

Acredito firmemente que o movimento da qualidade de vida e do bem-estar será de grande proveito para o Brasil e que muitas das práticas americanas serão bastante aprimoradas quando aplicadas. Este livro torna possível aos brasileiros aprender sobre as experiências de sucesso no meu país e evitar alguns dos nossos erros.

Nos Estados Unidos, tem havido uma ênfase excessiva sobre a motivação individual e uma falta de atenção em fornecer suporte cultural para que as pessoas tenham escolhas de estilo de vida saudáveis. Isso resultou em muitas tentativas de melhoria do estilo de vida, mas com poucas mudanças duradouras e efetivas. Com a ênfase da cultura brasileira sobre laços familiares e comunitários, os brasileiros são mais propensos a abraçar a iniciativa individual e o suporte cultural. Creio que essa perspectiva mais ampla melhorará drasticamente os níveis de sucesso na mudança de estilo de vida.

Nos Estados Unidos, há uma tendência para ver qualidade de vida como uma forma de reduzir custos em assistência médica. No Brasil, uma gama mais ampla de benefícios ligados ao bem-estar é suscetível de ser abraçada, incluindo o aumento da produtividade, o prazer de viver e a oportunidade de ajudar as outras pessoas. Se isso realmente se concretizar, o movimento do bem-estar terá mais sucesso em envolver os empregados, suas famílias e a comunidade em geral. O engajamento mais amplo possibilita o empoderamento das pessoas e representa um grande avanço sobre os modelos existentes. Infelizmente, as companhias norte-americanas dependem muito dos profissionais de qualidade de vida para promover as atividades de bem-estar. Nesse contexto, ficam presas a algumas estratégias que podem ser contraproducentes e desagradáveis, como oferecer incentivos financeiros para participarem de atividades de qualidade de vida.

É com grande alegria que eu recomendo, de coração, este livro. Alberto Ogata e Sâmia Simurro fizeram um grande trabalho, resumindo tudo o que aprenderam ao longo dos últimos anos, e eu me regozijo com o avanço que os brasileiros atingiram no conceito de qualidade de vida. Creio que esta publicação contribuirá para o desenvolvimento dos programas no Brasil e estou certo de que nós, nos Estados Unidos, aprenderemos muito com a experiência brasileira.

Judd Allen, PhD
Membro da Diretoria do National Wellness Institute
Presidente do Human Resources Institute, LLC e
www.healthyculture.com
Editor Associado, *American Journal of Health Promotion*

Sumário

PARTE V

ANEXOS E INSTRUMENTOS DE QUALIDADE DE VIDA **127**

Introdução

O interesse pelos programas de qualidade de vida nas organizações é cada vez maior. O alto custo da assistência médica, a necessidade de melhoria na produtividade e no ambiente organizacional e o envelhecimento da força de trabalho são alguns dos motivadores para a busca de soluções que atendam a essas demandas. Dessa forma, as corporações começam a assumir um papel ativo na construção do bem-estar de seus funcionários, procurando mantê-los saudáveis, motivados e produtivos.

A necessidade de atender a essas demandas tem estimulado as organizações a lançarem ações e programas de qualidade de vida. Observa-se, no entanto, uma profusão de abordagens e iniciativas, que variam de acordo com o tipo de empresa, sua localização geográfica, a formação profissional do gestor do programa e as necessidades da organização. Nesse contexto, o cenário é de organizações realizando inúmeras atividades, com ações lançadas, muitas vezes, sem planejamento prévio, com frequente comprometimento do resultado final.

Para responder a esse desafio, é prioritário que os programas sejam planejados, implantados, gerenciados e avaliados de forma efetiva e eficaz.

Com este guia, buscamos oferecer pistas práticas aos profissionais de qualidade de vida, aliando a nossa experiência profissional à observação dos programas nacionais e das metodologias consagradas de autores internacionais.

A primeira parte desta publicação apresenta alguns aspectos teóricos e conceituais, bem como alguns modelos internacionais. Na segunda parte, apresentamos a metodologia de gestão de programas, com modelos práticos e adaptados à realidade nacional. Naturalmente, os profissionais devem adequar os seus programas à realidade de suas organizações, levando em consideração a sua cultura e os recursos disponíveis.

Um grande especialista americano em qualidade de vida, John Travis, comparou o nosso estado de saúde (estarmos ou não doentes, os resultados dos exames laboratoriais de nosso check-up recente, o nível de pressão arterial) com a ponta de um iceberg. Ele lembra que, da mesma maneira que ocorre com um iceberg nas áreas glaciais, nove décimos dos fatores que influenciam no nosso bem-estar estão submersos e podem afetar seriamente a navegação de nossa saúde. Travis destaca que condições relacionadas às circunstâncias motivacionais, culturais, psicológicas, espirituais e de sentido da vida são muito mais profundas e podem impedir seriamente que uma pessoa mude seu comportamento para um estilo de vida mais saudável. O profissional de bem-estar e qualidade de vida precisa considerar a interação entre os múltiplos componentes que envolvem a saúde e desvencilhar-se do pensamento mecânico de causa-efeito para poder alcançar uma visão dinâmica e holística do indivíduo, na qual a saúde e/ou a doença física não se encontram dissociadas de sua condição psicossocial (Travis & Ryan, 2004).

Acreditamos que devemos ampliar a visão sobre bem-estar e qualidade de vida, envolvendo questões como meio ambiente, ética, sentido e propósito, espiritualidade e responsabilidade social. As ações não deverão estar restritas a fatores de risco de doenças crônicas ou somente a controle de custos de assistência médica. Nesta publicação, apresentamos uma abordagem mais ampla e integrada de programas de qualidade de vida.

Apresentamos na primeira parte deste livro alguns importantes aspectos conceituais, os quais são o marco teórico que orientará o gestor do programa; em seguida, mostramos alguns aspectos teóricos e modelos internacionais que têm sido utilizados há bastante tempo em vários países e são o fundamento da gestão dos atuais programas de qualidade de vida. Desenvolvemos um modelo de gestão de programas, baseado em nossa experiência pessoal e na ampla literatura técnico-científica disponível, que consideramos particularmente útil, especialmente para os profissionais que estão iniciando nesta árdua e difícil tarefa de apoiar as pessoas, para que vivam melhor, e as empresas, para que alcancem melhores resultados.

Desejamos que este guia contribua para que os profissionais possam atingir seus objetivos e para que os resultados corporativos sejam otimizados em consequência da melhoria do bem-estar e da qualidade de vida dos trabalhadores brasileiros.

Alberto J. Ogata e Sâmia Simurro

PARTE I

Conceitos em Qualidade de Vida

1. ASPECTOS CONCEITUAIS

Quando se discute sobre qualidade de vida, muitos são os termos utilizados para descrever o seu conceito, o seu significado. Pode-se, frequentemente, observar, mesmo entre os profissionais da área, que não há consenso e continua sendo objeto de grande discussão a definição da expressão. Algumas vezes, Saúde, Status de Saúde, Promoção de Saúde, Qualidade de Vida e Bem-Estar são utilizados, indiscriminadamente, como se fossem sinônimos; outras vezes vemos diferenças estabelecidas entre as dimensões que fazem parte desse universo. Embora haja pontos em comum entre os diferentes conceitos citados, é necessário haver mais clareza em relação a eles, para abordagens consistentes dentro e fora das organizações.

De acordo com Frisch (2006), os termos qualidade de vida, bem-estar subjetivo, felicidade e satisfação com a vida têm sido utilizados de maneira indistinta e, muitas vezes, sem a devida consistência. Ressalta, ainda, que os conceitos possuem nuances que devem ser destacadas.

Promover Saúde, Qualidade de Vida e/ou Bem-Estar nas empresas implica definir as áreas que serão contempladas, as ações que serão implementadas e o que será abordado dentro desse enorme espectro que envolve as dimensões humanas. É extremamente importante saber quais serão as direções a seguir, para que um bom programa possa ser delineado. Dessa forma, seguem-se alguns dos conceitos mais consagrados, acrescidos de comentários sobre as implicações de cada um deles:

- **SAÚDE:** A Organização Mundial da Saúde a define como "(...) Um completo estado de bem-estar físico, mental e social, e não meramente a ausência de doença..." (Organização Mundial da Saúde – OMS, 1946).

Segundo esse conceito, a saúde vai muito além da dimensão física de uma pessoa. Nesse sentido, fica claro que cuidar da saúde não se restringe apenas ao acesso a serviços (exames, hospitais, consultórios etc.) ou à prevenção de doenças. Saúde, como ela é definida, é um processo subjetivo e dinâmico, que compreende a busca contínua do equilíbrio entre os aspectos físico, mental, social e emocional, que permeiam a vida de uma pessoa.

- **STATUS DE SAÚDE:** "O nível de saúde de um indivíduo, grupo ou população é avaliado de forma subjetiva pelo indivíduo ou através de medidas mais objetivas" (Medical Subject Headings – PUBMED, 2005).

O status de saúde é outro importante conceito que precisa ser compreendido. Essa definição reforça um aspecto predominantemente biológico e físico da vida. O status de saúde não inclui, por exemplo, outros aspectos como o meio ambiente ou a dimensão social que pode influenciar na saúde da pessoa. Assim, quando falamos sobre avaliar o nível de colesterol ou glicose no sangue, a pressão arterial ou o peso corporal de indivíduos de uma população, não está sendo abordada a questão da saúde integral e da qualidade de vida, mas o seu status de saúde.

Da mesma maneira, quando uma empresa promove um programa focado em avaliação de fatores de riscos em saúde (por exemplo, colesterol alto, hipertensão arterial, índice de massa corpórea) e elabora estratégias para o seu controle, está atuando sobre o status de saúde, e não podemos dizer que se trata de um programa de qualidade de vida.

- **PROMOÇÃO DE SAÚDE:** "(...) É o processo de capacitação das pessoas e da comunidade para atuar na melhoria da sua qualidade de vida e saúde, incluindo uma maior participação no controle deste processo" (Organização Mundial da Saúde – OMS, 1986).

A promoção de saúde visa aumentar a capacidade dos indivíduos e das comunidades para que tenham maior controle sobre a saúde e possam melhorá-la (empoderamento). A ideia principal que permeia esse conceito é que, para atingir um estado de completo bem-estar físico, mental e social, o indivíduo ou o grupo deve estar apto a identificar e realizar suas aspirações, a satisfazer as suas necessidades e a modificar-se ou adaptar-se ao meio.

Vale a pena ressaltar que a promoção de saúde é um conceito que vai além da diminuição dos fatores de risco à saúde (prevenção). Ela envolve a melhoria da qualidade de vida por meio do desenvolvimento de hábitos e estilo de vida saudáveis. Dessa forma, promoção de saúde não é sinônimo de prevenção de doença no sentido de rastrear ativamente as patologias que ainda não se manifestaram para prevenir o aparecimento das mesmas. Prevenir doença é diagnosticar precocemente para adotar medidas antes da manifestação clínica. A promoção da saúde se refere a medidas que não se dirigem a uma determinada doença ou desordem, mas servem para aumentar, de maneira geral, a saúde e o bem-estar de uma população (Czeresnia, 2003).

Nos Estados Unidos, alguns autores sugerem um diferente olhar para o conceito de promoção da saúde. Michael O'Donnell, editor da revista *American Journal of Health Promotion*, propôs, em 2008, uma revisão desse conceito:

> A promoção da saúde é a ciência e a arte de ajudar as pessoas a mudarem seu estilo de vida para se moverem em direção a um estado de saúde ideal, que se constitui num processo de engajamento por um equilíbrio dinâmico entre as dimensões física, emocional, social, espiritual e intelectual e na descoberta da sinergia entre os seus aspectos mais positivos. A mudança de estilo de vida deve ser facilitada pela combinação de esforços para levar informações, aumentar a motivação, construir conhecimentos e, principalmente, oferecer oportunidades para que se tenham práticas positivas em saúde.

De acordo com O'Donnell (2008), as pessoas tendem a se engajar no desenvolvimento de cada dimensão quando descobrem as sinergias entre elas e os seus interesses e desejos pessoais. Se alguém deseja ter um ótimo desempenho físico, como atleta, deve saber que poderá atingir esse objetivo mais facilmente se buscar o desenvolvimento das outras dimensões. O modelo prevê uma dimensão no centro (a que mais representa a sua paixão) e as outras em sinergia. Por exemplo, se uma pessoa sonha em ser um superatleta (dimensão física), pode atingir o seu desejo mais rapidamente se se envolver com as outras dimensões. Posso ter um time, com um ótimo técnico e trabalhar em equipe (dimensão social); aprender a lidar com os fracassos e as dificuldades e encontrar caminhos para gerenciar o estresse (dimensão emocional); conhecer mais sobre fisiologia do esporte e desempenho técnico (dimensão intelectual); buscar entender como minhas aspirações de atleta entram em sintonia com uma visão mais ampla da vida e das relações com as pessoas e o planeta (dimensão espiritual). Outro exemplo: se eu quiser ser bom pai ou boa mãe, preciso ter hábitos alimentares adequados e praticar atividade física para me tornar um bom modelo para meus filhos (dimensão física); aprender a lidar com meus sentimentos e emoções em relação às crianças (dimensão emocional); estabelecer uma rede de relações para ter apoio e suporte, sempre que necessário (dimensão social); aprender como lidar com os filhos e ter a opinião de especialistas (dimensão intelectual); e, finalmente, ajudar meus filhos a descobrir os reais valores e prioridades na vida (dimensão espiritual).

Ainda conforme O'Donnell, as pessoas ficariam muito mais abertas a receber a nossa mensagem sobre saúde se as ajudássemos a descobrir suas verdadeiras paixões e desejos e a entender como a descoberta das outras dimensões de saúde pode auxiliá-las a atingir os seus objetivos. A proposta do modelo coloca no centro a dimensão que, no momento, representa a sua maior paixão ou desejo.

- **PREVENÇÃO DE DOENÇAS:** São intervenções orientadas a evitar o surgimento de doenças específicas, reduzindo sua incidência e prevalência nas populações. Com base no conhecimento epidemiológico, busca-se o controle das doenças infecciosas e a redução do risco de doenças degenerativas ou outros agravos específicos. A prevenção exige uma ação antecipada, baseada no conhecimento da história natural, a fim de tornar improvável o progresso posterior da doença.

De acordo com Lefevre (2004), tanto numa escala individual quanto coletiva, o termo prevenção deve ser reservado para toda medida que, tomada antes do surgimento ou agravamento de uma dada condição mórbida ou de um conjunto delas, vise a afastar a doença do doente ou vice-versa, para que tal condição não se manifeste (ou que tenha diminuída a sua probabilidade de ocorrência) ou manifeste-se de forma menos grave ou mais branda nos indivíduos ou nas coletividades. Por outro lado, a promoção da saúde caracterizaria uma intervenção que teria como horizonte ou meta ideal a eliminação permanente, ou pelo menos duradoura, de todas as doenças, porque buscaria atingir as causas mais básicas e não os sintomas. O seu alvo, ao contrário da prevenção, seria o indivíduo e não a doença.

■ **QUALIDADE DE VIDA:** "A percepção do indivíduo de sua posição na vida, no contexto da cultura e sistema de valores em que vive e em relação a suas expectativas, seus padrões e suas preocupações" (WHOQOL – Organização Mundial da Saúde – OMS, 1995).

O conceito de qualidade de vida ainda carece de um consenso até mesmo entre os profissionais da área, devido à sua enorme complexidade. Sua definição varia de acordo com a disciplina que a estuda. De acordo com Frisch (2006), qualidade de vida se refere ao grau de excelência na vida em relação a alguns padrões (implícitos ou explícitos) de uma sociedade em particular.

É importante ressaltar que, acompanhando o conceito sugerido pelo grupo de qualidade de vida da OMS (WHOQOL), constata-se que ele envolve não apenas a multidimensionalidade (as dimensões física, emocional, social, ocupacional, intelectual, espiritual e ambiental), mas também a subjetividade. A qualidade de vida depende da percepção individual de cada um. Esta é formada através das experiências pessoais do indivíduo. Uma boa qualidade de vida seria o resultado de uma complexa interação, percebida de forma positiva, entre fatores como: estado psicológico, expectativas, crenças, valores, relações sociais e o meio ambiente.

Esta abordagem conceitual sobre qualidade de vida traz algumas implicações, a saber:

1. Só pode ser descrita pelo próprio indivíduo.
2. É necessário levar em conta vários aspectos da vida.
3. Está relacionada aos objetivos e às metas da cada indivíduo.
4. A melhora está relacionada à capacidade de identificar e de atingir esses objetivos.
5. A doença e seu respectivo tratamento podem modificar esses objetivos.
6. Os objetivos, necessariamente, precisam ser realistas, já que o indivíduo precisa manter a esperança de atingi-los.
7. A ação é necessária para diminuir a lacuna entre a realização dos objetivos e as expectativas, quer pela realização dos objetivos, quer pela redução das expectativas. Essa ação pode se dar por meio do crescimento pessoal ou da ajuda dos outros.
8. A lacuna entre as expectativas e a realidade pode ser, justamente, a força motora de alguns indivíduos (Calman, 1987, apud Fleck, 2008).

O Centro de Promoção da Saúde da Universidade de Toronto desenvolveu um modelo conceitual de qualidade de vida que contempla os componentes e dimensões de saúde e bem-estar, envolvendo a saúde física, psicológica e espiritual, bem como sua conexão com o meio ambiente e as oportunidades de desenvolvimento intelectual. Avalia-se a qualidade de vida por meio do grau em que uma pessoa aprecia (a sensação de satisfação ou percepção de alcance de algumas expectativas) as possibilidades (resultantes das oportunidades e limitações de cada um) de sua vida.

O conceito de qualidade de vida envolve três domínios, sendo que cada um deles possui três subdomínios, a saber:

- **Ser**

1. **Físico:** saúde física, higiene pessoal, alimentação, atividade física, aparência física geral.
2. **Psicológico:** saúde emocional, sentimentos, percepções, autoestima, autoimagem e autocontrole.
3. **Espiritual:** valores, ética, padrões de conduta e crenças.

- **Pertencer**

1. **Físico:** moradia, ambiente de trabalho, estudo, vizinhança e comunidade.
2. **Social:** amigos, família, colegas, vizinhos e comunidade.
3. **Comunitário:** renda, serviços de saúde, suporte social, emprego, oportunidades de educação, lazer, atividades na comunidade.

- **Transformar**

1. **Prático:** atividades domésticas e remuneradas, atividades voluntárias.
2. **Lazer:** relaxamento e redução do estresse.
3. **Crescimento:** manutenção ou promoção de conhecimento e habilidades, adaptação às mudanças.

- **QUALIDADE DE VIDA NO TRABALHO (QVT):** "Capacidade de administrar o conjunto das ações, incluindo diagnóstico, implantação de melhorias e inovações gerenciais, tecnológicas e estruturais no ambiente de trabalho, alinhada e construída na cultura organizacional, com prioridade para o bem-estar das pessoas da organização" (Limongi França, 2008).

No entanto, Nahas (2006) sugere que a realidade da vida social e familiar seja analisada em conjunto com a realidade do trabalho e, desse modo, a QVT seja tratada como a qualidade de vida do trabalhador, de maneira integrada, em todos os cenários da sua vida.

De acordo com Dolan (2006), QVT é um conceito e uma filosofia que visam melhorar a vida dos empregados dentro das instituições, de modo que eles tenham maior envolvimento e satisfação no trabalho e menos estresse e exaustão. Trata-se de um método pelo qual todos os membros da organização, por meio dos canais de comunicação abertos e apropriados, caminham para tal fim, tendo voz nas decisões que afetam sua função, em especial, e o ambiente de trabalho, em geral. A qualidade de vida no trabalho representa uma administração em que todos têm uma sensação de posse, autocontrole, responsabilidade e amor-próprio. Neste contexto, QVT exigiria a combinação de quatro requisitos e percepções dos trabalhadores em relação à empresa:

- **Percepção de apoio e cuidados da empresa** – benefícios sociais (plano de saúde, seguro de vida, transporte).
- **Necessidade de as empresas facilitarem a vida dos empregados** – conveniências (lavanderia, correio, convênios de descontos etc.).
- **Necessidade de realizar desejos pessoais** – horário flexível, sessões de massagem, sala de ginástica.
- **Necessidade de manter bons relacionamentos pessoais** – reconhecimento, transparência, bom clima organizacional.

- **ESTILO DE VIDA:** "Conjunto de ações cotidianas que reflete as atitudes, os valores e as oportunidades na vida das pessoas. Esses hábitos e ações conscientes estão associados à percepção de qualidade de vida do indivíduo. Os componentes do estilo de vida podem mudar ao longo dos anos, mas isso só acontece se a pessoa conscientemente enxergar algum valor em algum comportamento que deva incluir ou excluir, além de perceber-se como capaz de realizar as mudanças pretendidas" (Nahas, 2006).

- **FELICIDADE:** "Experiência de alegria, contentamento ou bem-estar positivo, combinado a uma sensação de que a vida é boa, significativa e valiosa" (Lyubomirsky, 2008).

De acordo com a autora, 10% da variação nos níveis de felicidade são explicados pelas diferenças nas circunstâncias ou situações de vida (se a pessoa é rica ou pobre, bonita ou comum, saudável ou doente, casada ou divorciada), 50% são atribuídos aos pontos decididos geneticamente e 40% estão relacionados ao comportamento e podem ser modificados. Por exemplo, em geral, as pessoas que adotam modelos de pensamento e comportamento que as tornam mais felizes dedicam grande parcela de tempo à família e aos amigos, sentem-se à vontade para expressar gratidão por tudo que têm, são as primeiras a oferecer ajuda a colaboradores e transeuntes, são otimistas quando imaginam seus futuros, saboreiam os prazeres da vida e tentam viver o momento presente. Além disso, praticam atividade física, estão profundamente comprometidos com objetivos e ambições por toda a vida e, nos momentos de estresse, crises e tragédias, conseguem manter o equilíbrio e enfrentam os desafios.

Lyubomirsky (2008) sugere algumas ações para melhorar o nível de felicidade, como:

- Praticar a gratidão e o pensamento positivo.
- Investir nas relações sociais.
- Administrar o estresse, a adversidade e o trauma.
- Viver no presente.
- Comprometer-se com seus objetivos.
- Cuidar do corpo e da alma.

Os pesquisadores Ed Diener e Robert B. Diener (2008) definem que felicidade tem a mesma conotação do bem-estar subjetivo, ou seja, felicidade é como as pessoas avaliam as suas vidas e determinam o que é importante para elas. Ser feliz está relacionado com a satisfação pessoal no que diz respeito a trabalho, saúde e relacionamentos, e, ainda, a prazer, engajamento e experiências de raiva, ira e medo.

- **SALUTOGÊNESE:** "Envolve as forças e influências que mantêm a saúde e o bem-estar, e não as causas de doenças (*salus* – saúde, *genesis* – origem)" (Antonovsky, 1979).

Esse conceito se opõe ao conceito de patogênese, que são os fatores ou causas da doença. Antonovsky defendia a ideia de que, ao se potencializar as forças que se opõem ao estímulo causador de doença, seria possível evitar que as pessoas adoecessem. Portanto, ele propunha formas de estimular e preservar essas forças e, assim, contribuir para o desenvolvimento positivo da saúde e da qualidade de vida da pessoa. O fundamento da salutogênese foi chamado por Antonovsky de "senso de coerência", que significa um estado de harmonia e bem-estar com o meio social, familiar e consigo mesmo. O autor o descreveu como "sensação de orientação global, sentimento dinâmico de autoconfiança, gerado tanto no meio interno como no externo, que propicia um ambiente saudável, de alta probabilidade de êxito na vida".

A salutogênese lida com conceitos funcionais, isto é, com a maneira como as pessoas concebem sua realidade, o que dá a elas sentido e significado para a vida, e como as pessoas manejam a vida e acabam por ser capazes de criar uma coerência e dar um sentido à realidade (Guimarães, 2008).

O modelo da salutogênese se baseia na premissa de que as dificuldades e o estresse são elementos que fazem parte da existência humana. Quando o senso de coerência está presente, o curso da vida é explicável e previsível. Assim, há recursos para se abordar as demandas geradas pelos diferentes estímulos. As pessoas entendem essas demandas como desafios que exigem engajamento e investimento pessoal. Há um *continuum* entre a morte e a saúde plena no qual se podem manter o equilíbrio e a qualidade de vida, independentemente das circunstâncias do dia a dia.

Eriksson & Lindstrom (2007), Olsson et alii (2006) afirmam que, de acordo com esse modelo, há recursos gerais de resistência (inteligência, autoestima, recursos financeiros, cuidados preventivos, suporte social e capital cultural). As pessoas que dispõem de tais recursos têm mais chances de lidar com os desafios da vida.

A compreensão desse conceito é fundamental para uma abordagem ampla na saúde. Vários outros conceitos associados a essa ideia surgiram independentemente e reforçam a necessidade de se atentar para fatores fundamentais de influência na saúde e qualidade de vida como: *locus* de controle, suporte social, interesses, personalidade, *hardiness*, autoestima, otimismo, senso de humor, autoeficácia, resiliência, entre outros.

■ **BEM-ESTAR (*WELLNESS*):** Processo ativo e consciente por meio do qual as pessoas fazem escolhas em busca de uma existência mais exitosa. O bem-estar envolve respostas emocionais positivas e julgamentos globais de satisfação com a vida. O bem-estar é de responsabilidade individual. Vivenciando-o pelo pensamento crítico, a pessoa alcança significado e propósito em sua vida (National Wellness Institute).

O conceito de bem-estar tem forte ligação com o de qualidade de vida e está intimamente relacionado aos anseios e desejos do indivíduo. Arloski (2007), em seu livro *Wellness Coaching for Lasting Lifestyle Changing*, cita uma pesquisa realizada por Judd Allen com especialistas da área de *wellness* sobre a questão conceitual. Ele concluiu que, em geral, existe um consenso sobre alguns aspectos do bem-estar:

1. É consciente, autodirigido e envolve um processo de desenvolvimento para o alcance do pleno potencial pessoal.
2. É multidimensional e holístico (envolve fatores como estilo de vida, bem-estar mental e espiritual e do meio ambiente).
3. É positivo e afirmativo.

Todos os aspectos acima estão relacionados ao conceito de bem-estar. Arloski (2007) cita algumas das definições colhidas com a pesquisa:

- "Bem-estar é uma escolha, uma forma de vida, um processo, um eficiente canal de energia, uma integração mente, corpo, espírito e a amável aceitação do 'self'." – *John Travis*
- "É uma abordagem positiva que implica ação de automotivação que, por sua vez, implica aplicação de informação e conhecimento. Fatos isolados não levam a uma vida de bem-estar." – *Bill Hettler*
- "Um estilo de vida de bem-estar implica um forte senso de responsabilidade, excepcional forma física devido a um compromisso de exercício regular e vigoroso, alimentação saudável, uma postura positiva e pensamento crítico, vida prazerosa, disponibilidade para novas descobertas sobre o significado e propósito da vida." – *Don Ardell*
- "Bem-estar é a experiência de viver com altos níveis de consciência das escolhas, da autoaceitação, da interligação, do amor, do significado e do propósito. Bem-estar é uma jornada de vida individual, de apropriação do conceito de autoatualização e aplicação disto para a mente, corpo, espírito e interconexão com outras pessoas e meio ambiente." – *Michael Arloski*

2. BASES TEÓRICAS

2.1. Modelo Transcomportamental

Este tópico foi baseado no clássico artigo de James Prochaska denominado "Why Don't Continents Move? Why Don't People Change" ("Por que os continentes não se movem? Por que as pessoas não mudam?"), publicado em 1999, e no livro *Changing for Good* (1994), que, ao analisar centenas de terapias e abordagens, chegou à conclusão de que todas elas seguem o mesmo princípio: qualquer atividade para ajudar a mudar a maneira de pensar e sentir ou um comportamento se constitui num processo que envolve diferentes estágios.

Os estudos de Prochaska, envolvendo mais de quinze comportamentos de risco, demonstraram que menos de 20% das pessoas estavam preparadas para a mudança e que mais de 90% dos programas foram elaborados para esse grupo. Desse modo, há desperdício de recursos, frustração pelos resultados obtidos e planejamento inadequado.

A maioria das pessoas sabe os malefícios do cigarro, os riscos de dirigir após ingerir bebida alcoólica ou praticar sexo não protegido e os benefícios da atividade física e da alimentação saudável. É possível concluir que apenas o conhecimento não é suficiente para a mudança de comportamento. De acordo com o maior estudioso do assunto, James Prochaska, a mudança é um processo que acontece no decorrer de um longo período de tempo, que envolve etapas que são conhecidas e bem determinadas.

O profissional que atua em programas de qualidade de vida e busca estimular estilos de vida saudáveis deve conhecer profundamente essas etapas.

De acordo com Prochaska, as pessoas não mudam porque (1) não podem, (2) não querem, (3) não sabem como mudar e (4) não sabem o que mudar. Muitas das dificuldades na mudança se referem a uma ou mais das barreiras citadas abaixo:

1. AS PESSOAS NÃO PODEM MUDAR QUANDO:

- Algumas condições não estão sob seu controle voluntário, como a predisposição genética, a condição socioeconômica e familiar.
- Não estão conscientes dos males causados por seu comportamento. Por exemplo, muitos dependentes do álcool não percebem que sua vida pessoal, familiar e profissional está sendo seriamente afetada. Algumas vezes, o problema não está no fato de as pessoas não enxergarem a solução. Na verdade, elas não veem o problema.
- Não acreditam que conseguirão mudar. Diz o ditado: "Se você acredita que não pode mudar então você está certo."
- Acreditam que o seu problema está sob controle biológico. Por exemplo, as pessoas podem acreditar que a questão não está sob seu controle quando pensam que fumar é uma decorrência da dependência da ni-

cotina, que a depressão é um fenômeno bioquímico, que a obesidade é determinada pela quantidade de células biológicas ou que o alcoolismo é geneticamente determinado.

- Projetam todo o controle sobre forças externas, como a família, a sociedade ou o próprio destino.

2. AS PESSOAS NÃO QUEREM MUDAR QUANDO:

- Percebem que os benefícios dos comportamentos se sobrepõem aos fatores contrários ou maléficos ou quando os benefícios se equivalem aos custos da mudança. Por exemplo, um tabagista pode afirmar ter ouvido falar que *um dia* pode morrer de câncer de pulmão, mas gosta de fumar e o cigarro o ajuda a lidar com o estresse.
- Sentem que têm de abrir mão de benefícios imediatos (como prazer ou relaxamento) para reduzir os riscos de consequências de longo prazo (como doença ou morte).
- Percebem que outras pessoas estão tentando pressioná-las para a mudança. Familiares, amigos e colegas que obrigam as pessoas a buscar tratamento ou mudar comportamento podem levá-las a criar resistência, pois cada indivíduo deseja manter o controle sobre os seus atos.

3. AS PESSOAS NÃO SABEM COMO MUDAR:

- Mesmo com os melhores tratamentos disponíveis, a maioria dos alcoólatras, dependentes químicos, obesos e fumantes vai voltar aos seus vícios em um ou dois anos. Isso porque, infelizmente, muitas dessas pessoas procuram tratamento ou ajuda acreditando poderem mudar problemas crônicos com rapidez. Se elas não sabem como mudar (inclusive não sabem quanto tempo será necessário para conseguirem mudar), terão dificuldades para se recuperar de problemas comportamentais crônicos.

4. AS PESSOAS NÃO SABEM O QUE MUDAR QUANDO:

- Fazem confusão entre as causas e a solução dos seus problemas. Uma pessoa com dependência química, por exemplo, pode estar confusa sobre as causas e os controles de seu distúrbio e pode não saber o que mudar para se recuperar.
- Procuram vários profissionais e recebem orientações diferentes, às vezes conflitantes, e ficam ainda mais confusas.

NO ENTANTO, AS PESSOAS PODEM MUDAR QUANDO:

- Entendem que a complexidade da mudança não se reduz a um único processo.
- Dão um passo de cada vez, preparando-se para cada etapa do tratamento.
- Aplicam os processos apropriados para o estágio de mudança.
- Realizam um tratamento em que se aplica a abordagem adequada para o estágio de mudança e não o tratamento desejado pelo terapeuta.
- Aprendem com a recaída e não ficam desmoralizadas.
- Trabalham nos níveis mais altos de abordagem que são apropriados para os problemas.
- Entendem que a incapacidade para mudar é frequentemente devido ao enquadramento inadequado do estágio de mudança (que não é apropriado para o problema).
- Entendem que a resistência para a mudança é frequentemente relacionada ao desencontro entre o paciente e o terapeuta no que diz respeito ao estágio e/ou nível de mudança em que aquele se encontra.
- Possuem roteiros e modelos para ajudar a se mover através dos estágios e níveis de mudança.

O modelo transteórico emergiu de pesquisas sobre as razões pelas quais as pessoas mudam por si mesmas e sobre como elas mudam com a ajuda de especialistas. Este modelo foi utilizado para entender como as pessoas mudam diversos comportamentos como alcoolismo, obesidade, tabagismo e sexo não seguro. Pesquisas foram realizadas envolvendo também problemas mentais e emocionais, como ansiedade, depressão, alcoolismo e um grande número de comportamentos. Prochaska e DiClemente (1994) concluíram que a mudança acontece através de estágios ou fases em um processo contínuo, em espiral. A questão principal deixa de ser se se deve ou não oferecer ajuda às pessoas e torna-se a necessidade de descobrir qual é a melhor e mais eficaz ajuda disponível.

ESTÁGIOS DE MUDANÇA DE COMPORTAMENTO

PRÉ-CONTEMPLAÇÃO

Neste estágio, as pessoas não pretendem mudar o seu comportamento em um futuro próximo. Podem se encontrar nesta fase porque não estão conscientes de que seus comportamentos são problemáticos ou de suas consequências futuras. A falta de consciência pode ser devido à ignorância – não saber que seus comportamentos sexuais podem levar a doenças mortais, por exemplo. Por outro lado, existem pessoas que sabem das nefastas consequências de seus comportamentos, porém não as admitem, escamoteando-as por meio de uma atitude defensiva. Por exemplo, o alcoólatra pode assumir uma atitude de negação, dizendo que bebe socialmente, defendendo seu ato de beber mesmo que isso esteja destruindo sua vida. Há, ainda, aqueles que apresentam uma resistência direta e ativa à mudança, inclusive pela racionalização, na qual encontram explicações plausíveis para um determinado comportamento.

Neste estágio, encontram-se indivíduos que se sentem desmoralizados pelo fato de terem tentado mudar sem obter êxito. Eles não acreditam mais em sua capacidade de mudança e, portanto, não querem pensar sobre o assunto, passando a acreditar que seu destino é permanecer no vício.

Muitas pessoas na pré-contemplação não podem mudar (ou não conseguem fazê-lo sem ajuda externa). Algumas dessas barreiras podem ser particularmente de autodefesa porque podem tornar os pré-contempladores resistentes à ajuda externa que pode facilitar a mudança.

Mesmo assim, várias desistem com facilidade. Estudos sobre medidas de ação nesse estágio permitem prever que 93% vão desistir. No entanto, é preciso insistir, pois a melhor estratégia não é aguardar uma mudança espontânea ou a piora das consequências do comportamento, fazendo-se necessário, então, impor ao indivíduo ações para conseguir reverter o quadro.

Muitas pessoas nesta fase não estão incapazes de se modificar, mas a maioria não quer mudar. Surge, portanto, a questão se determinado comportamento seria um problema ou preferência da pessoa. Nessa situação, ela avalia que os prós se sobrepõem aos fatores negativos desse comportamento.

A elaboração de estratégias eficazes para ajudar as pessoas que estão na fase de pré-contemplação é muito importante, pois, de acordo com Prochaska (1994), aproximadamente metade das pessoas com fatores de risco está na fase de pré-contemplação e não pretende alterar o comportamento no futuro próximo.

CONTEMPLAÇÃO

Nesta fase, as pessoas pretendem mudar, em um futuro próximo, geralmente em seis meses. Possuem mais autoeficácia ou confiança de que podem mudar, se comparadas às pessoas na pré-contemplação. Apesar disso, muitas não modificam o comportamento.

Mas por que as pessoas nessa fase não mudam? Como o grupo avalia que os prós são mais ou menos iguais aos contras? Apesar de terem consciência dos fatores negativos do comportamento (ou de os admitirem), assumem atitude ambivalente sobre a mudança. O contemplador leva esta em consideração, possui mais autoeficácia ou confiança, mas tem dúvidas se os benefícios de mudar se sobrepujarão aos custos.

Geralmente não querem mudar ou não querem correr muitos riscos com a ação. Elas frequentemente pensam em mudar, dizendo a si mesmas que algum dia vão tomar uma atitude. A principal característica dos indivíduos nesta fase é a ambivalência. Apesar de desejarem mudar, há também uma resistência latente, principalmente pelo receio do fracasso e das consequências de uma mudança de um mundo que lhe é familiar para uma nova realidade. O desafio é fazê-las perceberem a ambivalência.

Algumas pessoas esperam um momento mágico, perfeito para a mudança. Outras desejam que ela ocorra sem sacrifícios ou que seus próximos a façam por elas, assumindo uma atitude passiva.

PREPARAÇÃO

Nesta fase, as pessoas estão pretendendo agir no futuro próximo, geralmente em um mês. Estão mais confiantes de que podem controlar os seus problemas. Os prós superam os contras. Possuem um plano concreto de mudança e já podem dar os passos iniciais para reduzir os problemas. Mas a maioria, nesta fase, vai falhar e pode retornar rapidamente aos hábitos antigos, pois não sabe como mudar ou acredita que somente admitir o problema é suficiente para levar à modificação desejada. As pessoas tomam uma firme decisão, olham o futuro e a nova realidade. Isso as motiva, pois podem imaginar os benefícios vindouros. A ação de mudança passa a ser uma prioridade na agenda e nos objetivos de vida.

Prochaska sugere que um dos segredos do sucesso é se valer de processos apropriados de mudança para evoluir ao longo das diferentes fases. Deve-se controlar a ansiedade, procurar dar pequenos passos, criar um plano de ação e compartilhá-lo com pessoas de confiança, que possam dar apoio na fase seguinte.

AÇÃO

Inicialmente, as pessoas devem saber que não há receitas mágicas ou soluções simples para problemas complexos. A fase de ação dura mais tempo do que a maioria das pessoas espera; são necessários pelo menos seis meses de esforço concentrado antes de os riscos de recaída diminuírem. Somente aplicar corretamente os processos de mudança não adianta. É preciso aplicá-los com frequência e por tempo suficientes para que se obtenha sucesso.

Sem informações adequadas e sem *feedback* sistemático, muitas pessoas são forçadas a usar tentativa e erro para aprender e descobrir como mudar. As pessoas que tentam se modificar e falham têm possibilidade duas vezes maior de ter sucesso nos próximos seis meses do que aquelas que não agem durante o primeiro mês de intervenção. Na média, as pessoas que conseguem parar de fumar o fazem depois de três a quatro tentativas sérias ao longo de 7 a 10 anos.

MANUTENÇÃO

Neste estágio, as pessoas estão trabalhando para consolidar os ganhos conseguidos durante a fase de ação para evitar os riscos de recaída. No modelo transteórico, a fase de manutenção começa após seis meses da realização da ação. Esta fase não é passiva e as pessoas continuam a trabalhar em processos de mudança, como o controle dos estímulos.

Quanto tempo dura a fase de manutenção? Para determinados problemas, como a obesidade, dura a vida toda. Para outros, como o alcoolismo, o tabagismo e certos problemas de ansiedade e de depressão, em alguns casos, as pessoas conseguem resolver o problema definitivamente e não precisam fazer nada para prevenir a recaída. O critério usado para terminar a manutenção é as pessoas usarem a máxima autoeficácia ou confiança e a mínima tentação envolvendo o seu problema de comportamento em situações de risco de recaída.

A recaída é um aspecto essencial a ser entendido quando se fala em mudança de hábito e dependências. É importante encará-la não como um fato isolado, isto é, um botão que se aperta, mas, sim, como uma série de processos cognitivos, comportamentais e afetivos. A recaída deve ser encarada como um estado de transição, que pode ou não ser seguido de uma melhora para o alcance de sua autoeficácia.

Nos casos de tabagismo, doze meses de abstinência contínua significam que o indivíduo está livre do cigarro. Sabe-se atualmente que, mesmo após um ano de abstinência, cerca de 37% das pessoas voltam a fumar ao longo da vida. Após cinco anos de abstinência contínua, o risco cai para 7%. Desse modo, a fase de manutenção dura de seis meses a cinco anos.

INTEGRANDO OS ESTÁGIOS E AS RAZÕES PARA NÃO MUDAR

As pessoas na pré-contemplação, em geral, não podem mudar. Na contemplação, não querem mudar de imediato. Nas fases de preparação e de ação, não sabem como mudar ou não sabem o que mudar; por isso elas correm alto risco de recaída e é necessário que, nesses estágios, o acompanhamento seja mais próximo e mais intenso.

Pré-contemplação	Contemplação	Preparação – Ação
Não podem mudar		
	Não querem mudar de imediato	
		Não sabem como mudar Não sabem o que mudar

Tabela 1. Estágios de mudança de comportamento e as razões para não mudar.

2.2. Autoeficácia

Este conceito se refere a sentir-se capaz para realizar tarefas específicas em relação a um determinado comportamento. De acordo com Bandura (1977), o sucesso em realizar determinado comportamento tem forte correlação com a confiança do indivíduo em sua capacidade de usar os conhecimentos adquiridos. Este modelo parece influenciar muitos aspectos, como a aquisição de novos comportamentos (aprender a usar um novo método anticoncepcional), inibição de comportamentos já existentes (parar de fumar), intensidade do esforço despendido em uma tarefa, reações emocionais (ansiedade e estresse excessivo), padrões de pensamento (ficar ruminando sobre alguma dificuldade ao invés de buscar soluções para superá-la) e tempo gasto em face de algum obstáculo (Leddy, 2006).

Este modelo possui quatro pilares. O primeiro é a experiência autêntica do sucesso. Esta é a base da estratégia de buscar pequenos avanços, com metas atingíveis em oposição à busca da superação de grandes e difíceis obstáculos. O segundo pilar é a existência de modelos. Observar pessoas ou colegas que conseguiram modificar o comportamento pode ser um bom estímulo e ter um efeito positivo na confiança do indivíduo. O terceiro pilar é a persuasão social. Um interlocutor confiável pode convencer uma pessoa, por uma entrevista motivacional, de que ela é capaz de realizar determinada tarefa e atingir um objetivo. Finalmente, o quarto pilar seria a modificação das reações fisiológicas ou como o corpo interpreta determinados estímulos. Um exemplo seria o uso da reposição da nicotina em pessoas que desejam parar de fumar e reduzir os efeitos negativos sentidos pela falta dela (Bandura, 1977).

As pessoas procuram ter controle sobre os eventos que afetam as suas vidas. Ao exercer influência em esferas sobre as quais conseguem ter algum controle, são mais capazes de idealizar os futuros desejados e afastar os não desejados. A busca de controle sobre as circunstâncias da vida permeia quase tudo o que as pessoas fazem. A incapacidade de exercer influência sobre os fatos que afetam negativamente a vida traz apreensão, apatia ou desesperança. Por outro lado, a capacidade de produzir resultados que agregam valor oferece incentivos poderosos para o desenvolvimento pessoal (Bandura, 1995).

A probabilidade de uma pessoa adotar um comportamento saudável (por exemplo, fazer atividade física) ou deixar um hábito negativo (como parar de fumar) pode depender de um conjunto de cognições: (1) expectativa de que se está em risco ("Eu corro um alto risco de desenvolver câncer por fumar"); (2) expectativa de que a mudança de comportamento vai reduzir o risco ("Se eu parar de fumar, o meu risco vai diminuir"); (3) expectativa de que se é capaz de ter controle sobre um determinado comportamento ("Eu sou capaz de parar de fumar permanentemente"). A maioria das pessoas acredita que suas ações produzirão resultados positivos (otimismo defensivo) e que são pessoalmente capazes de lidar com suas demandas na vida (otimismo funcional). A autoeficácia percebida representa a crença de que a pessoa é capaz de mudar o seu comportamento por suas atitudes pessoais. Isso afeta a intenção de mudar, o esforço necessário para buscar o objetivo e a persistência para continuar agindo a despeito das barreiras que podem reduzir a motivação. Por exemplo, motivar as pessoas a se engajarem em atividades físicas depende de crenças otimistas de que é possível se manter ativo apesar das condições adversas. Estudos demonstraram que a autoeficácia percebida é o fator mais importante para o início e manutenção da atividade física (Schwarzer e Fuchs, 1995).

Aumentar a autoeficácia é um instrumento eficiente para ajudar as pessoas a galgar um novo estágio na mudança de comportamento. As pessoas com menor autoeficácia estão, geralmente, na fase de pré-contemplação, enquanto as da fase de manutenção têm os níveis mais elevados. Este modelo já foi relacionado à atividade física, cessação do tabagismo, perda de peso, alimentação saudável, reabilitação cardíaca e uso de métodos anticoncepcionais (Leddy, 2006).

A autoeficácia tem maior impacto durante a fase inicial da mudança de comportamento (nos estágios de preparação e ação).

As intervenções que visam a aumentar a autoeficácia não devem estimular a busca de metas não realistas, mas estar limitadas às competências da pessoa. Essas estratégias devem ajudar a pessoa a mudar seu comportamento mais facilmente e, assim, aumentar a sensação de controle sobre a situação (Kerr, Weitkunat e Moretti, 2005).

Quando se aborda a questão da motivação humana, devemos fazer a distinção se o comportamento é autônomo ou controlado. No primeiro caso, a pessoa deseja plenamente fazer o que está realizando e abraça a atividade com senso de interesse e comprometimento. Seu atos são autênticos. Por outro lado, o comportamento controlado ocorre por pressão. Nesse caso, as pessoas agem sem um senso de envolvimento pessoal e podem caminhar para a alienação. Assim, se opõem a autonomia e autenticidade a controle e alienação (Deci, 1995). A maioria das pessoas acredita que a *motivação* efetiva provém de fatores externos. No entanto, várias pesquisas demonstram que a automotivação é o centro da criatividade, da responsabilidade, do comportamento saudável e da mudança mantida.

3. MODELOS INTERNACIONAIS

3.1. Modelo de Michael O'Donnell

Este modelo foi sintetizado no artigo "A Simple Framework to Describe What Works Best: Improving Awareness, Enhancing Motivation, Building Skills and Providing Opportunity" (*The Art of Health Promotion*, Sept/Oct, 2005) e revisado pelo autor em 2008, no artigo "The Face of Wellness – Aspirational Vision of Health, Renewing Health Behavior Change Process and Balanced Portfolio Approach to Planning Change Strategies" (*The Art of Health Promotion*, Nov/Dec, 2008).

Michael O'Donnell é o editor-executivo do *American Journal of Health Promotion,* a principal revista científica sobre promoção de saúde no ambiente corporativo, e editor do livro *Health Promotion in The Workplace*, que é o manual mais importante sobre o tema em língua inglesa. De acordo com esse autor, os programas de qualidade de vida devem envolver quatro fases (ou níveis de impacto), para que possam ter os melhores resultados e obter sucesso:

1ª FASE: SENSIBILIZAÇÃO

Baseia-se na crença de que as pessoas podem tomar as decisões corretas se tiverem as informações adequadas. Essa abordagem visa a sensibilizar as pessoas, mediante um processo educativo, dos fatores (positivos e negativos) que podem afetar sua saúde, qualidade de vida e bem-estar. Questões como gerenciamento do estresse, equilíbrio da vida pessoal e profissional, estilo de vida, produtividade pessoal, desenvolvimento pessoal e intelectual podem ser abordadas nesse processo de sensibilização e conscientização.

As ações devem ser aprimoradas para ser efetivas, buscando trazer as informações de maneira personalizada, lançando mão de vários formatos de comunicação (internet, e-mails, palestras, cartilhas, DVDs etc.), incorporando novas tecnologias e buscando avaliar os interesses e necessidades do público-alvo. No entanto, sabe-se que esta etapa não é suficiente para mudar comportamentos da maioria das pessoas.

A educação possui dois importantes componentes: (1) sensibiliza as pessoas sobre os riscos de saúde e as oportunidades de melhoria – as pessoas podem avaliar os prós e contras de fazer as mudanças – (2) as campanhas podem mobilizar as organizações e a sociedade para construir uma rede de apoio para uma ideia ou plano. Por exemplo, quando as pessoas tomam conhecimento de que o tabagismo passivo não somente irrita os narizes, mas também é um potente carcinogênico, há o estímulo para a criação de ambientes livres do tabaco.

Esse processo tem sofrido evolução nos últimos anos, com mensagens personalizadas, de acordo com as necessidades individuais, em vários formatos (palestras, cartazes, folhetos, tapes, internet, e-mail etc.).

Muitas organizações permanecem por anos realizando unicamente atividades de sensibilização por meio de palestras, boletins e folhetos ou realizando feiras de saúde e qualidade de vida. Nesses casos, os resultados ficam limitados e o modelo acaba se desgastando.

2ª FASE: MOTIVAÇÃO

As pessoas motivadas procuram mais informações e maneiras que as ajudem a mudar e tenham melhores níveis de saúde e bem-estar. Por outro lado, se a pessoa não estiver motivada, nenhum conhecimento vai conseguir mudar seu comportamento.

Quando um indivíduo está motivado para realizar uma mudança de comportamento, busca conhecimentos e habilidades necessárias para fazer essa transformação e cria as oportunidades para que isso aconteça. Se uma pessoa não está motivada, nenhum conhecimento do mundo conseguirá fazer qualquer mudança. Através da teoria transcomportamental, sabemos que as pessoas que estão na fase de pré-contemplação não têm nenhum interesse em mudar o comportamento ou ouvir falar sobre o tema, mas as pessoas que estão na fase de contemplação podem ter. Aumentar a autoeficácia é igualmente importante para as pessoas na fase de preparação, ação e manutenção.

Destacamos dois instrumentos que podem ajudar a motivar os participantes:

1. Incentivos: definidos por Chapman (2002) como um prêmio ou bonificação, de caráter positivo, que visa a influenciar o desempenho de um indivíduo ou de um grupo. Podem ter caráter formal (quando é comunicado abertamente e de maneira direta) ou informal.

Podem ser utilizados para:

- Promover aprendizado.
- Estimular a participação em programas.
- Estimular a participação em programas de avaliação, em exames periódicos de saúde ou de qualidade de vida.
- Estimular a mudança de comportamento em saúde.
- Estimular determinadas mudanças no uso do sistema de saúde ou a adesão a determinados cuidados médicos.

De acordo com Chapman (2008), no início, os incentivos eram utilizados como novidade e diversão nos programas, mas atualmente têm papel importante para garantir a adesão às atividades e avaliação e o engajamento nos objetivos propostos. O autor ressalta que os principais fatores determinantes da efetividade dos incentivos nos programas são:

1. Comunicação eficaz – clareza, repetição e timing da mensagem.
2. Facilidade de participação.
3. Valor do incentivo (real ou percebido pelo participante).
4. Compatibilidade dos incentivos com os aspectos culturais.
5. Possibilidade de participação de familiares.
6. Natureza coletiva ou de competição.

2. Autoeficácia: como já comentado anteriormente, esse conceito é definido como a crença de que se conseguem realizar determinadas escolhas, como parar de fumar, exercitar-se regularmente etc. A eficácia comportamental é a crença de que um determinado comportamento vai provocar um resultado específico, por exemplo, parar de fumar vai provocar uma redução no risco de câncer de pulmão. A entrevista motivacional constitui-se numa ferramenta para aumentar a autoeficácia.

3ª FASE: CONSTRUIR HABILIDADES E CONHECIMENTOS

Os programas básicos, que se restringem às ações de sensibilização, somente dizem às pessoas o que fazer para ter melhor saúde ou qualidade de vida. No entanto, o maior desafio é ensinar às pessoas como fazer para viver melhor. Os programas que constroem habilidades mostram às pessoas COMO mudar comportamentos e integrá-los ao seu dia a dia, como mudar o seu ambiente para criar oportunidades para praticar os comportamentos saudáveis. Por exemplo, um programa de alimentação deve demonstrar como comprar alimentos saudáveis, como prepará-los, como selecionar pratos saudáveis em um cardápio de restaurante etc. Um programa de antiestresse deve demonstrar como medir e monitorar o nível e as fontes de estresse no dia a dia, identificar os estressores positivos e negativos e preparar planos para gerenciar os fatores estressantes. Envolvimento ativo, mediante práticas vivenciais e não somente por meio de livros ou palestras, é muito importante. Os programas de maior êxito ensinarão estratégias para superar barreiras que frequentemente trazem dificuldades para as pessoas mudarem de comportamentos, como tempo, falta de recursos financeiros, dificuldade de acesso etc. Isso fará parte de um processo de estabelecimento de metas, construção de conhecimentos, prática de novos comportamentos, de encaminhamento de *feedback*, reavaliação de metas e implemento de novos conhecimentos.

4ª FASE: OPORTUNIDADE E AMBIENTE

Uma pessoa que esteja altamente motivada para praticar um estilo de vida saudável e tenha conhecimentos bem desenvolvidos para integrar essas práticas à sua vida pode criar as oportunidades para tornar isso uma realidade. Entretanto, algumas vezes, a situação de determinados indivíduos é tão complicada, com tantas demandas, que criar as oportunidades necessárias pode ser muito difícil, mesmo para uma pessoa altamente motivada e informada. A maioria das pessoas é moderadamente motivada e informada e necessita de suporte maior para uma mudança comportamental. Sabemos que a cultura de uma organização é fator fundamental para que se obtenha o sucesso de um programa de qualidade de vida no trabalho. Iniciativas no Brasil e no exterior têm demonstrado o sucesso de criar ambientes livres do tabaco como fator de suporte para as pessoas deixarem de fumar. Da mesma maneira, instalações que estimulam as pessoas a serem mais ativas (como calçadas bem construídas, jardins arborizados ou escadas limpas e bem iluminadas) são importantes componentes de um programa de atividade física. As pessoas se beneficiam do apoio da família e de amigos, de uma mídia independente e livre de influências do marketing sobre comportamento e proteção suficiente dos estressores financeiros, do excesso de demanda no trabalho e problemas de segurança. No outro extremo, um ambiente de suporte excessivo também pode gerar desmotivação. Por exemplo, quando se vai a um spa é fácil encontrar alimentos saudáveis e apetitosos – podemos nadar, caminhar, praticar ioga, descansar, refletir sobre as prioridades em nossa vida, ter acesso a especialistas de várias áreas... O problema é manter a prática saudável ao ir para casa.

Ter acesso a oportunidades de mudança é um dos aspectos mais importantes para o avanço de **construir novos conhecimentos para formar hábitos**. Uma pessoa que está altamente motivada a praticar um estilo de vida saudável e tem conhecimentos bem consolidados para integrar essas práticas ao seu dia a dia pode fazer muito para criar oportunidades necessárias para tornar a vida saudável uma realidade.

Em um ambiente organizacional, o suporte vai incluir ambientes físicos, políticas organizacionais, culturas e estruturas que estimulam estilos de vida saudável, bem como estratégias que transmitam ao empregado a sensação de pertencer ao programa.

O'Donnell propôs uma pontuação para avaliar a chance de sucesso de um programa de qualidade de vida:

Elemento	Baixo	Médio	Alto
Sensibilização	0	0,5	1
Motivação	0	1	2
Conhecimentos	0	1	2
Oportunidade	0	1	3

Tabela 2. Chances de Sucesso dos Programas de Qualidade de Vida (O'Donnell, 2005).

Ao se somarem os pontos da Tabela 2, encontram-se as seguintes probabilidades de sucesso do programa:

- Cinco ou mais pontos – provável sucesso;
- Quatro pontos – sucesso possível;
- Menos de quatro pontos – sucesso improvável.

Aldana (2008) propõe ações que podem ser realizadas utilizando os princípios da mudança de comportamento, nas diferentes modalidades de programas (Tabela 3).

Sensibilização	Motivação	Ferramentas (Construir Habilidades)	Políticas e Ambiente (Oportunidade e Meio Ambiente)
▪ Cartilhas	▪ Incentivos	▪ Treinamentos práticos	▪ Horário flexível para atividade física
▪ Folhetos	▪ Palestras	▪ Metas	▪ Alimentos saudáveis no restaurante ou cantina
▪ Intranet	▪ Competições e jogos	▪ Escolhas de estilo de vida saudável	▪ Ambiente livre do tabaco
▪ Internet	▪ Gincanas	▪ Oferecer calçados e tênis confortáveis para caminhada	▪ Cobertura para exames preventivos e vacinas
▪ Vídeos	▪ Coaching	▪ Orientações sobre substituição de alimentos – compras e culinária	▪ Comunicação intensa
▪ Livros	▪ Feedback das avaliações		▪ Feiras com alimentos saudáveis
▪ Pedômetro	▪ Envolvimento da família		▪ Estacionamento para bicicletas
▪ Cartas do presidente	▪ Coparticipação		
▪ Cartazes			
▪ E-mails			
▪ Exames periódicos de saúde			

Tabela 3. Ações nas diferentes modalidades de programas de acordo com os princípios de mudança de comportamento.

3.2. Modelo WELCOA

A instituição norte-americana Wellness Councils of America (WELCOA) reúne mais de 3.000 organizações. Fundada há mais de 20 anos, tem buscado oferecer subsídios para que as empresas tenham programas de qualidade de vida bem estruturados e efetivos. A WELCOA propõe um modelo de gestão de programas, que serve como base para a seleção e classificação das melhores práticas no ambiente corporativo e nas organizações públicas. O modelo da WELCOA está baseado nos **"7 Cs"** (em inglês):

1. *Concentration on Senior Level Support*
2. *Creating Cohesive Wellness Team*
3. *Collecting Data to Drive Programming Efforts*
4. *Crafting an Operating Plan*
5. *Choosing Appropriate Interventions*
6. *Creating a Supportive Environment*
7. *Consistently Evaluating Outcomes*

Em português, esses **"7 Cs"** podem ser descritos como:

1. **Apoio dos gestores** – o primeiro passo é obter um amplo apoio dos gestores, o que é considerado crítico para o sucesso do programa, pois deles depende a liberação do orçamento, a política de comunicação e a agenda da organização. É muito difícil ter êxito nas demais etapas sem esse suporte.
2. **Criar comitês de qualidade de vida** – esses grupos devem ser coesos e integrados, pois buscarão realizar o planejamento estratégico do programa, manter o foco e atingir os melhores resultados. Possibilita também uma melhor distribuição das tarefas e responsabilidades.
3. **Coletar informações que orientem a gestão do programa** – a primeira tarefa do grupo deve ser procurar conhecer a realidade da organização e as suas necessidades, bem como os interesses das pessoas. Em geral, são utilizados questionários, pesquisas de clima organizacional, o balanço social da empresa, avaliações de saúde, informações das áreas de recursos humanos, saúde e segurança e de custos de assistência médica. Iniciar atividades e lançá-las de maneira precipitada não é a melhor estratégia.

4. **Construir um plano de ação** – este é o pilar sobre o qual serão conduzidas as ações. Deve incluir, pelo menos, a missão e a visão do programa, os objetivos gerais e específicos, a implantação, comunicação, orçamento e avaliação. É o guia das ações a serem conduzidas.
5. **Escolher as melhores intervenções** – elas deverão ser selecionadas de acordo com a pesquisa de necessidades e interesses já realizada. Naturalmente envolverão a questão de estilo de vida (atividade física, alimentação adequada, gerenciamento do estresse, cessação do tabagismo), mas deverão englobar outros temas apurados durante o levantamento realizado antes do planejamento.
6. **Criar um ambiente de suporte** – esforço coordenado para uma transformação organizacional cuja meta seja um ambiente de trabalho saudável, incluindo no processo as modificações de aspectos culturais e estruturais. Elas permitirão a manutenção dos hábitos saudáveis dos empregados e demonstrarão o comprometimento da empresa.
7. **Avaliar de maneira consistente** – examinar cuidadosamente e determinar o valor de cada ação, isto é, se atingiu os resultados propostos no planejamento. Utilizar as melhores ferramentas de avaliação que podem incluir indicadores de retorno sobre o investimento, absenteísmo, presenteísmo, produtividade, *turnover*, acidentes no trabalho, aposentadorias precoces etc.

3.3. Modelo de Larry Chapman

Este modelo, amplamente utilizado em várias partes do mundo, foi sumarizado na publicação *Planning Wellness: Getting Off to a Good Start* (4ª edição, 2005). Larry Chapman é conhecido internacionalmente como um dos maiores especialistas em modelos de programas de bem-estar e qualidade de vida. Realiza treinamentos e seminários em várias partes do mundo e coordena, há vários anos, treinamentos de certificação em gestão de programas de bem-estar nas organizações do National Wellness Institute. De acordo com Chapman, identificar o modelo a ser adotado é crucial para o sucesso do programa. Ele sugere a existência de três modelos principais:

Modelo I: Básico (Motivacional ou Qualidade de Vida) – envolve somente atividades lúdicas, sem redução dos fatores de risco, com participação voluntária, sem ações personalizadas. Em geral, as ações são realizadas unicamente na sede da empresa, sem envolvimento das famílias ou avaliação dos resultados.

1. Muitas empresas iniciam seus programas por esse modelo. Eles visam geralmente o aspecto motivacional, com ações leves, de integração, recreativas. Comumente não há integração entre os vários setores da empresa em torno do programa (saúde ocupacional, benefícios, segurança, ambulatório, comunicação etc.).
2. Em geral, esses programas possuem um orçamento limitado, às vezes restrito para algumas ações. Muitas vezes não há profissionais dedicados ao programa.
3. As ações têm caráter reativo (não há proatividade) e a participação é voluntária. A comunicação é generalizada, não havendo segmentação para os públicos-alvo.
4. Envolve atividades como feiras de saúde, palestras, folhetos, eventos especiais, festas, workshops e encontros.
5. O orçamento é limitado e há expectativa limitada com relação a retorno econômico.

Modelo II: Intermediário (Tradicional ou Convencional) – prioriza a saúde. Busca redução dos fatores de risco e participação voluntária. Há personalização fraca das ações com uso restrito de incentivos e pouco envolvimento da família. Avaliação limitada dos resultados.

1. Abordam preferencialmente assuntos como a hipertensão arterial, colesterol elevado, função cardiovascular, diabetes etc. Em geral, há ênfase em questões relacionadas à prevenção primária ou secundária, focando no controle do tabagismo, atividade física, nutrição, gerenciamento do stress e redução do peso corpóreo.
2. A participação em geral é voluntária (proatividade limitada e estruturada de maneira reativa ou passiva) e há envolvimento limitado dos familiares, estando geralmente restrita aos empregados.
3. Os recursos orçamentários são limitados e a expectativa de retorno do investimento é moderada.
4. O uso de incentivos restringe-se a camisetas, garrafas de água ou outros brindes de baixo custo.

Modelo III: Avançado (Gestão de Saúde e Produtividade) – busca fortemente a redução dos fatores de risco da saúde; inclui os tópicos de produtividade. Há programas altamente estruturados e um número substancial de intervenções. As ações são realizadas na sede da empresa e também de maneira virtual. Os incentivos são intensamente utilizados, com forte envolvimento das famílias. As ações são rigorosamente avaliadas.

1. A orientação dos programas é destinada a fatores de risco para doenças crônicas e também para itens especiais, como enxaquecas, alergias, depressão etc.
2. Aborda fatores de prevenção primária, secundária e terciária, incluindo os fatores de risco para acidentes, detecção precoce e melhor gestão das doenças existentes.
3. Os programas são altamente integrados e organizados em sistemas com programação anual de atividades, uso seletivo das informações, compatibilidade das políticas e normas da organização com as atividades,

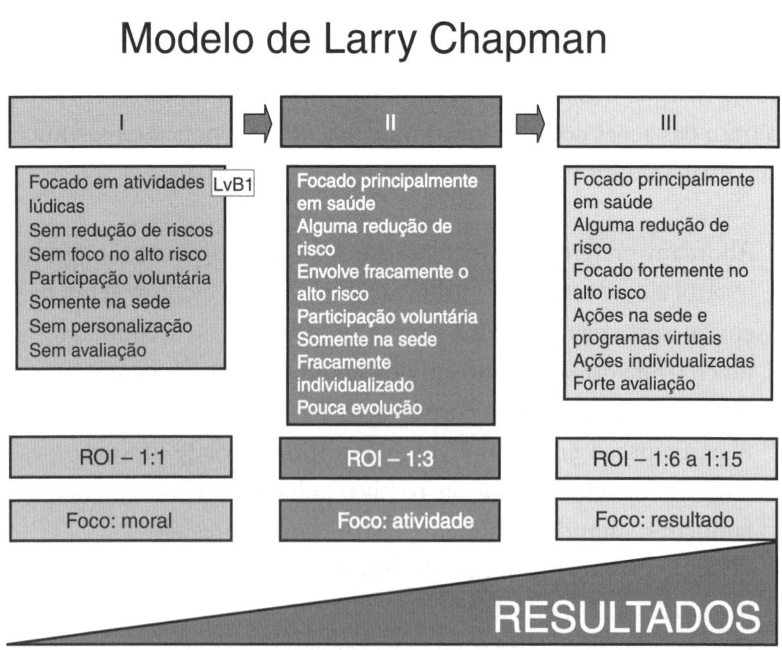

Figura 1. Modelo de programas de promoção de saúde e qualidade de vida (adaptado e modificado de Chapman, 2005).

buscando os custos relacionados à atividade dos empregados, como absenteísmo, produtividade e acidentes no trabalho.

4. Atinge integralmente os familiares, com programação específica para os dependentes. Abordagens "virtuais" são oferecidas para os familiares e empregados.
5. Há avaliação formal de itens, como participação, níveis de satisfação, prevalência de fatores de risco, padrões de mudança de comportamento, indicadores de clima organizacional, custos de assistência médica, produtividade e atingimento dos objetivos do programa. O retorno sobre o investimento chega a 1:3,6 a 1:7,0.

4. PROGRAMAS DE BEM-ESTAR E QUALIDADE DE VIDA

4.1. Razões para Implantar

Implantar programas de qualidade de vida em empresas é um grande desafio. É fundamental a definição do marco conceitual do programa, visando estabelecer as bases para o planejamento. Frequentemente, os programas almejam, basicamente, a melhoria do ambiente organizacional, por meio de ações motivacionais, de promoção da saúde (com consequente manutenção do status de saúde e controle dos custos de assistência médica) e de aperfeiçoamento da produtividade humana.

Determinar o foco do programa também é importante para se determinar o retorno esperado sobre o investimento. Por exemplo, se o objetivo for a melhoria da produtividade, por meio da redução do absenteísmo, do presenteísmo, do *turnover* da mão de obra (com retenção de talentos) e dos acidentes no trabalho, será necessário implantar um programa amplo, focado em fatores de risco, com alta personalização, uso intensivo de incentivos e instrumentos de avaliação. Por outro lado, se houver poucos recursos financeiros e o objetivo for a integração e sensibilização do grupo para melhorar sua qualidade de vida, o programa poderá ser mais simples, mas não se exigirá retorno significativo sobre o investimento realizado.

Chapman (2002) realizou extensa revisão da literatura, detalhada na 5ª edição da conhecida publicação *Proof Positive – An Analysis of the Cost-Effectiveness of Worksite Wellness*, abrangendo 42 estudos bem controlados e envolvendo mais de 323.000 participantes. Concluiu que os programas bem estruturados, com comunicação, atividades em grupo, avaliações integradas e ambiente de suporte, podem trazer, no prazo de três a cinco anos, um retorno sobre o investimento entre 2,15 a 5,64 para cada dólar investido.

A globalização, o uso intensivo da tecnologia e a maior competição entre as empresas exigem que as pessoas tenham o desempenho máximo no trabalho. Sabe-se que o fator humano é hoje um elemento de competitividade para as organizações. Trabalhadores motivados, saudáveis e felizes produzem mais, faltam menos ao trabalho, sofrem menos acidentes e têm menos doenças graves.

Estudos internacionais que analisaram o absenteísmo, o presenteísmo, custos com assistência médica, acidentes no trabalho e aposentadorias precoces por problemas ocupacionais mostram que as intervenções no ambiente de trabalho são eficazes e melhoram todos esses indicadores.

As empresas têm enfrentado sérios problemas com o aumento dos custos de assistência médica. No Brasil, a sinistralidade (despesas médicas, hospitalares e laboratoriais) tem aumentado sistematicamente acima da inflação. Os gestores, por sua vez, têm utilizado várias ferramentas para buscar controlar essa despesa. Portanto, o estilo de vida dos empregados é de grande importância. Segundo a Organização Mundial da Saúde (OMS, 2005), no Brasil, as doenças crônicas são responsáveis por 72% de todos os óbitos, projetando-se um aumento de 22% nos próximos dez anos, principalmente pelo aumento na frequência de diabetes.

Estima-se que o Brasil perdeu, em 2005, cerca de três bilhões de dólares por mortes prematuras decorrentes de doença cardiovascular, derrame e diabetes. Sabe-se que 80% dessas mortes são preveníveis pela alimentação saudável, atividade física regular e pelo abandono do tabagismo. A OMS estima que uma redução de 2% ao ano, ao longo de dez anos, nos níveis de morte por doença crônica, pode resultar em um ganho de quatro bilhões de dólares para o país.

Estudo realizado no Brasil por Marcos Bosi Ferraz (2008) analisando os custos de assistência médica nos quatro últimos anos de vida revelou que 70% das despesas ocorrem no último ano de vida, particularmente com internações clínicas e cirúrgicas. Desse modo, a correta gestão das despesas com atenção à saúde exige a identificação dos fatores de risco e a sua abordagem, o adequado manejo das doenças crônicas e as intervenções e tratamentos baseados nas evidências científicas mais atuais.

O sistema Vigilância de Fatores de Risco e Proteção para Doenças Crônicas por Inquérito Telefônico (VIGITEL) do Ministério da Saúde busca monitorar continuamente a frequência de fatores de risco e proteção para doenças crônicas em todas as capitais e no Distrito Federal, por meio de um tamanho amostral mínimo de 2.000 indivíduos com 18 anos ou mais em cada cidade. Os resultados da pesquisa de 2008 (Tabela 4) demonstram que a questão do estilo de vida tem grande importância social e econômica e deve ser vista como estratégica pelos gestores das áreas pública e privada, bem como pelos profissionais da área de saúde. Em grande parte das capitais brasileiras, parcela significativa da população é sedentária, tem maus hábitos alimentares e peso corporal acima do esperado.

Fatores de Risco e Proteção para Doenças Crônicas	Frequência	
▪ Fumo	9,8% – Maceió	21% – São Paulo
▪ Excesso de peso	36,6% – Teresina	49% – Porto Alegre
▪ Obesidade	9,5% – São Luiz	15,9% – Porto Alegre
▪ Consumo regular frutas/hortaliças	19,5% – Belém	41,6% – Florianópolis
▪ Consumo adequado frutas/hortaliças	8,1% – Rio Branco	22% – Florianópolis
▪ Consumo de carnes com excesso de gorduras	25,4% – Salvador	48,8% – Campo Grande
▪ Consumo de leite integral	43,4% – Natal	67,3% – Manaus
▪ Consumo regular de refrigerantes	14,5% – Natal	37,9% – Porto Velho
▪ Atividade física suficiente no lazer	12,1% – São Paulo	21,5% – Palmas
▪ Inatividade física	18,7% – Palmas	32,3% – Natal
▪ Consumo abusivo de bebidas alcoólicas	10,7% – Curitiba	24,9% – Salvador

Tabela 4. Resultados da pesquisa VIGITEL, 2009.

Recente pesquisa coordenada pelo professor Markus Nahas (2009) da Universidade Federal de Santa Catarina analisou o estilo de vida e hábitos de lazer dos trabalhadores das indústrias brasileiras. Esse levantamento, realizado pelo Serviço Social da Indústria (SESI) em todo o país, envolveu 2.775 empresas e 47.886 trabalhadores. Observou alta prevalência de consumo elevado do álcool (33%), de falta de atividade física no lazer (45,4%), excesso de peso corporal (40,5%) e falta de consumo adequado de frutas e hortaliças (60%). A pesquisa demonstra a relevância de determinar as variáveis envolvidas com os comportamentos e hábitos de estilo de vida em diferentes partes do país, oferecendo subsídios para o planejamento de intervenções de programas customizados para cada situação.

Fatores	Variáveis						
	Sexo	Faixa Etária	Estado civil	Escolaridade	Renda Familiar Mensal	Porte da Empresa	Região Geográfica
Percepção negativa de estresse	Mulheres	–	–	–	>R$ 1.500	–	Norte e Nordeste
Tabagismo	Homens	≥ 40 anos	Casados	<8 anos estudo	<R$ 1.500	Médio	Norte
Alcoolismo	Homens	–	Não-casados	<8 anos estudo	>R$ 1.500	Pequeno	Nordeste
Inatividade física no lazer	Mulheres	≥ 40 anos	Casados	<8 anos estudo	<R$ 1.500	Pequeno	Nordeste
Excesso de peso	Homens	≥ 40 anos	Casados	<8 anos estudo	>R$ 1.500	Grande	Nordeste
Hábitos alimentares inadequados	Homens	Homens Até 39 anos	Não-casados	<8 anos estudo	<R$1.500	Pequeno	–

Figura 2. Fatores do estilo de vida relativo a variáveis demográficas, geográficas e sociais na indústria brasileira (Nahas, SESI, 2009).

Esses resultados corroboram que abordar questões relacionadas ao estilo de vida é estratégico para o setor industrial, para manter a produtividade e a saúde dos trabalhadores e preservar a competitividade no cenário internacional.

O estresse também pode afetar seriamente a produtividade das pessoas nas empresas. Pesquisas coordenadas pela professora Marilda Lipp (2004) revelaram que mais de 30% das pessoas relatam ter níveis elevados de estresse. No entanto, categorias profissionais como bancários, juízes do trabalho, jornalistas e policiais podem ter mais de 50% de estresse excessivo. Não é difícil imaginar as repercussões e consequências para a saúde das pessoas e a redução nos resultados do seu trabalho. De acordo com Dolan (2006), pesquisa realizada com trabalhadores europeus revelou que mais da metade deles trabalha depressa demais e tem cronogramas apertados e 40% realizam tarefas monótonas. Dolan considera provável que esses fatores geradores de estresse possam estar relacionados com a alta prevalência de dores de cabeça, na nuca e nos ombros, de cansaço e de depressão relatados por esses trabalhadores. O estresse crônico está relacionado a doenças graves, e muitas vezes fatais, como os distúrbios cardiovasculares, os cânceres, os problemas gastrointestinais, acidentes e problemas mentais.

Desse modo, é fundamental que as empresas abordem a questão do estresse por dois focos principais:

- **Individual** – fornecendo instrumentos e orientações para que as pessoas lidem melhor com os fatores estressores, buscando superá-los através de medidas práticas e adequadas para o perfil pessoal.
- **Organizacional** – buscando aperfeiçoar a organização das tarefas de trabalho, estimulando a comunicação e a participação ativa dos trabalhadores e promovendo um ambiente de trabalho saudável.

Segundo levantamentos do IBGE, considerando-se dados de 2006, a expectativa de vida dos brasileiros tem aumentado consideravelmente, chegando a 76,8 anos para as mulheres e 69,5 anos para os homens.

Desse modo, o desafio não é "como viver mais", e sim "como viver melhor". Sabemos que a qualidade de vida das pessoas cai muito quando elas ficam doentes, incapacitadas ou dependentes de medicamentos, tratamentos e suas limitações. Além disso, o máximo desempenho pessoal, na empresa, na escola e nos negócios, somente é alcançado em virtude de níveis excelentes de saúde por meio da busca do estilo de vida saudável.

O perfil epidemiológico de nossa população mostra uma tendência para o envelhecimento da população e o aumento na prevalência das doenças crônicas (doenças cardiovasculares, diabetes e câncer) associadas ao estilo de vida. A maior expectativa de vida aumenta a morbidade e redução da qualidade de vida nas idades mais avançadas, exigindo esforços adicionais para a busca da **compressão da morbidade**, como proposto por Fries (1980). De acordo com esse modelo, o tempo de incapacidade (física ou mental) pode ser diminuído comprimindo-se esta fase para o menor tempo possível na vida, levando-se em consideração que a data da morte seria fixa. Com o aumento da expectativa de vida, se não houver redução do tempo de morbidade e incapacidade, certamente os custos relacionados à atenção à saúde aumentarão. Em 1980, Fries já previa que o foco da saúde nas próximas décadas seria nas doenças crônicas, e não agudas, na morbidade, e não na mortalidade, na qualidade de vida, e não na sua duração. Ressaltava que a natureza complexa das doenças evoca sua natureza multifatorial, com especial ênfase para os fatores psicológicos e sociais. Nesse contexto, o resultado estaria relacionado com escolhas e atitudes individuais, destacando-se a importância da responsabilidade pessoal, educação em saúde e capacidade para o autocuidado. Kalache et alii. (2002) reavaliaram os conceitos de compressão da morbidade propostos por Fries a partir das tendências epidemiológicas e populacionais, vislumbrando as tendências para o século XXI, e observaram que há um aumento considerável no grupo de pessoas muito idosas (90-99 anos), podendo atingir 60 milhões de indivíduos em 2050 (um aumento de sete vezes em 50 anos). Calcula-se que o número de pessoas com mais de 100 anos vai aumentar de 190.000 para 2,5 milhões em 2050 (um aumento de 13 vezes). Este fato amplifica a importância da compressão da morbidade, através de programas e ações que atinjam as populações de países desenvolvidos ou não, envolvendo os determinantes sociais de saúde (educação, nutrição, meio ambiente, aspectos socioeconômicos, violência urbana) e de estilo de vida (alimentação saudável, controle do tabagismo, atividade física e saúde mental) desde as idades mais precoces.

A Agência Nacional de Saúde Suplementar (ANS) tem procurado estimular as operadoras de saúde a adotar programas de promoção da saúde e prevenção de doenças, inclusive pelos incentivos econômicos, como a prorrogação dos prazos para integralização da cobertura com ativos garantidores da provisão de risco (Resolução Normativa 94/05). A ANS estabeleceu escores e critérios procurando avaliar os programas propostos pelas operadoras (Instrução Normativa 10/05). A promoção da saúde e prevenção de riscos e doenças está baseada em áreas de atenção à saúde – crianças, adolescentes, adultos e idosos, mulher, saúde mental e saúde bucal (ANS, 2007). A maioria das empresas tem procurado lançar programas atendendo a essas orientações. No entanto, frequentemente, eles apresentam as seguintes características:

1. Baixo orçamento para investimentos.
2. Avaliação precária para identificação dos fatores de risco.
3. Baixa participação dos usuários.
4. Não utilização de incentivos.
5. Abordagem genérica, não focada nos indivíduos de maior risco.
6. Não avaliação da efetividade ou do retorno sobre o investimento.

Consequentemente, muitas vezes o resultado é pobre, com resultados limitados sobre os indicadores econômicos (principalmente na sinistralidade das carteiras), e o programa é utilizado somente como ferramenta de marketing ou para cumprimento de normas legais. Conclui-se que trabalhadores saudáveis e motivados são mais produtivos, melhorando a competitividade das empresas. Como consequência, o país passa a ter uma população com maior qualidade de vida e consegue ter melhor desempenho no cenário internacional.

4.2. Focos dos Programas

Em geral, os programas de qualidade de vida possuem três focos principais:

- **Motivacional**
- **Promoção da saúde e prevenção de doenças**
- **Produtividade**

Recentemente, alguns autores procuraram agrupar esses focos em uma disciplina denominada Gestão de Saúde e Produtividade, que tem a finalidade de dirigir o investimento da corporação para melhorar o nível de seu desempenho e de saúde dos empregados. A organização American College of Occupational and Environmental Medicine define a gestão de saúde e produtividade (GSP) como o "gerenciamento integrado dos fatores de risco do empregado, das doenças crônicas e dos fatores incapacitantes para controlar os custos totais em saúde, incluindo os gastos diretos (plano de saúde, medicamentos, ambulatórios médicos, reabilitação etc.), faltas desnecessárias ao trabalho e perda de desempenho do profissional (presenteísmo)".

É fundamental conhecer os custos totais relacionados com o capital humano e não somente se limitar à questão da assistência médica (que seria somente a "ponta do iceberg" dos custos totais). Esse item engloba unicamente as pessoas que procuram cuidados de saúde e não a população como um todo ou o desempenho da organização.

Michael Critelli, então presidente da companhia norte-americana Pitney Bowes, observou que os gestores encaravam a saúde simplesmente como um elemento de despesa e elaboravam estratégias unicamente para reduzir os custos. Realizou estudos e pesquisas e chegou à conclusão de que se pode influenciar a saúde das pessoas de modo positivo com uma mudança significativa no foco, que passa a ser direcionado para o valor da saúde e do desempenho do capital humano. Com base nessa proposta, Mahoney & Hom publicaram em 2006 o livro *Total Value – Total Return* com sete regras para a gestão da saúde com os paradigmas propostos por Critelli.

Regra 1: A saúde de sua organização começa com saúde das pessoas – Uma estrutura de gestão de benefícios que promove a melhoria do nível de saúde dos colaboradores para que conservem sua energia e envolvimento no trabalho e em casa. De acordo com os autores, empregados felizes levam a clientes felizes e, consequentemente, a investidores felizes. Uma empresa somente será saudável se as pessoas que compõem a organização tiverem saúde. Propiciando a manutenção e a melhoria da saúde de seu pessoal, você estará agregando valor para seus clientes e parceiros e aumentando a vantagem competitiva de sua organização, garantindo sua sustentabilidade econômica.

Regra 2: Precisamos conhecer os custos totais – Não basta avaliar somente os custos com assistência médica. Devem compor o quadro as despesas com faltas ao trabalho, reposição de mão de obra, treinamento, presenteísmo, acidentes no trabalho e questões psicossociais.

Regra 3: Nem sempre custos maiores significam maiores níveis de saúde – Os programas devem ser desenhados para garantir qualidade, mas evitar o uso excessivo ou desnecessário do sistema de saúde e utilizar sistemas adequados de acompanhamento e avaliação de desempenho.

Regra 4: A saúde começa e termina com o indivíduo – Sabemos que a principal causa da elevação dos custos de assistência médica e da perda de produtividade está relacionada à falta de autocuidado das pessoas com a saúde. Esse descaso leva à baixa aderência a tratamentos, uso inadequado dos recursos de saúde e graves complicações futuras. A responsabilidade pessoal e estilo de vida são fatores fundamentais que influenciam o nível de saúde. A sugestão é criar uma cultura que valoriza a saúde e elaborar estratégias que empoderem os empregados e seus familiares com instrumentos para melhorar a qualidade de vida.

Regra 5: Devemos evitar barreiras para tratamentos efetivos – Devemos estimular o acesso a recursos que oferecem resolutividade e boa qualidade e não criar barreiras (como coparticipações elevadas, autorizações prévias, redes credenciadas limitadas), utilizando o preço como único parâmetro.

Regra 6: Os incentivos são mais eficazes que as punições para melhorar o nível de saúde da população – As pessoas necessitam de um estímulo adicional para se mover da zona de conforto e mudar o comportamento. As pessoas de baixo risco são alvos importantes para que se mantenham nessa faixa.

Regra 7: O melhor resultado somente será alcançado com trabalho em equipe, com sinergia entre todos os envolvidos – Plano de saúde, grupo de saúde ocupacional, equipe de saúde psicossocial, departamento de recursos humanos e benefícios – em uma relação dinâmica, com transparência e envolvendo os colaboradores na busca do melhor resultado.

Os melhores resultados somente serão obtidos mediante programas organizados de maneira sistemática, com a utilização de metodologia adequada, a qual está descrita na segunda parte desta publicação.

Uma força de trabalho saudável e motivada é fator que faz diferença numa organização. Um indivíduo precisa ter bem-estar para realizar suas tarefas, contribuir com o grupo e com os negócios. No local de trabalho, pode-se facilmente acessar as pessoas que, quando abordadas adequadamente, têm fortes chances de êxito na orientação para o estabelecimento de um estilo de vida mais saudável. Os programas de qualidade de vida são, frequentemente, iniciados a partir da preocupação do gestor com os custos com a assistência médica, com o absenteísmo, os acidentes de trabalho, os afastamentos por doenças e com a diminuição da produtividade.

Fatores Relacionados ao Capital Humano
▪ Qualidade do trabalho realizado
▪ Acidentes no trabalho
▪ Doenças ocupacionais
▪ Aposentadorias precoces
▪ Reposição e treinamento
▪ Faltas ao trabalho (absenteísmo)
▪ Presenteísmo
▪ Custos com assistência médica

Tabela 5. Resumo dos fatores a serem considerados na gestão dos programas.

Além disso, muitas empresas realizam ações sociais ou de filantropia somente, perdendo a oportunidade de desenvolver programas de responsabilidade social interna e deixando de melhorar os níveis de saúde, educação e bem-estar dos trabalhadores, com consequente aumento da competitividade. A responsabilidade social empresarial pressupõe uma abordagem com três pilares: econômico, ambiental e social (*triple bottom line*), envolvendo todos os grupos de interesse (*stakeholders*). Nesse contexto, o pilar social, que inclui o cuidado com a qualidade de vida dos trabalhadores, tem assumido uma importância cada vez maior.

No entanto, é necessário desenvolver argumentos convincentes para que a proposta de programas de qualidade de vida para os funcionários sejam aprovadas, implementadas ou tenham continuidade nas organizações.

Ao se implementar um Programa de Qualidade de Vida, os indivíduos se beneficiam pelas razões abaixo:

1. Melhoram o estilo de vida.
2. Diminuem os fatores individuais de risco.
3. Aumentam sua capacidade de controle da própria saúde.
4. Gerenciam melhor os fatores pessoais e profissionais de estresse.
5. O ambiente fica mais saudável.
6. Os relacionamentos se estabelecem de forma mais adequada.
7. Melhorias na estabilidade emocional.
8. Aumentam a motivação para o trabalho e para a vida.
9. Melhoram a autoimagem e autoestima.
10. Aumentam o bem-estar geral.

Chapman (2005) diferencia os benefícios dos programas de qualidade de vida como benefícios tangíveis e intangíveis, descritos a seguir.

Benefícios Tangíveis	**Benefícios Intangíveis**
Redução do absenteísmo por doenças	Melhoria da imagem da organização
Diminuição do uso do sistema de saúde	Aumento da moral e lealdade dos funcionários
Redução das perdas pelo presenteísmo	Diminuição dos conflitos na organização
Diminuição do *turnover*	Aumento da produtividade dos funcionários

Tabela 6. Benefícios esperados dos programas de qualidade de vida (modificado de Chapman, 2005).

Goetzel (2005) demonstra o porquê de implantar programas de qualidade de vida baseados em evidências científicas:

1. Muitas doenças são preveníveis. Fatores de risco modificáveis são precursores de muitas doenças e de morte prematura.
2. Muitos fatores de risco modificáveis estão associados a aumentos nos custos para o sistema de saúde.
3. Fatores de risco modificáveis podem ser reduzidos através de programas no ambiente de trabalho em prol da promoção da saúde.
4. A melhora no perfil de saúde da população está associada à redução nos custos com o sistema de saúde.

5. Programas na empresa podem reduzir as despesas com assistência médica com retorno positivo sobre o investimento.

Tamara et alii (2006) ressaltam que os desafios são grandes para o sucesso dos programas, pois muitos não são amplos e frequentemente são direcionados para um único fator de risco ou componente (por exemplo, hipertensão arterial, estresse, relacionamentos sociais, alimentação saudável ou atividade física) e têm seu impacto potencial bastante reduzido. Outros têm duração limitada e não persistem até que se obtenham os resultados esperados. Em geral, os programas têm baixo nível de participação e são criticados por realizarem estratégias que não atingem a maioria dos trabalhadores ou não sensibilizam os que estão nos grupos de risco. Muitas vezes, os participantes estão localizados nas sedes das empresas e não atingem os prestadores de serviços ou a força de venda. Além disso, apesar de a maioria das empresas ser de pequeno ou médio porte, há poucas alternativas viáveis para que essas empresas implantem programas efetivos de qualidade de vida. Finalmente, há a necessidade de maior sinergia entre os envolvidos no sistema, como os planos de saúde, as consultorias (corretoras), as áreas de saúde ocupacional e a alta administração das organizações, por meio de uma mudança transformadora que vislumbre a qualidade de vida e a saúde dos trabalhadores como um parâmetro de efetividade organizacional.

PARTE II

Metodologia para Implementação de Programas de Bem-estar e Qualidade de Vida

1. ETAPAS PARA IMPLEMENTAÇÃO

A implementação de um programa de bem-estar e qualidade de vida é uma tarefa complexa que passa por diferentes etapas de um processo gradual e contínuo. Planejar programas de promoção de saúde, qualidade de vida ou bem-estar nas empresas implica uma reflexão sobre quais serão as áreas abordadas, o que, por sua vez, implica delinear o conceito e identificar os objetivos e expectativas da empresa com o programa. O aprofundamento dos conhecimentos a respeito da empresa e suas estratégias é fundamental para que se possam atender suas necessidades específicas. No decorrer das etapas de implementação, um dos passos indispensáveis é a busca da compreensão e acesso a alguns aspectos da cultura da organização. Isso exige tempo, comprometimento e intenso aprofundamento dentro de todas as variáveis e normas existentes. Só assim se pode chegar aos reais motivadores para o desenvolvimento de um programa. Uma sugestão de etapas a serem seguidas para uma implementação eficaz será discutida a partir de agora. O que será apresentado, depois do esquema a seguir, é o resultado de estudos de modelos e experiências práticas com implementação de programas:

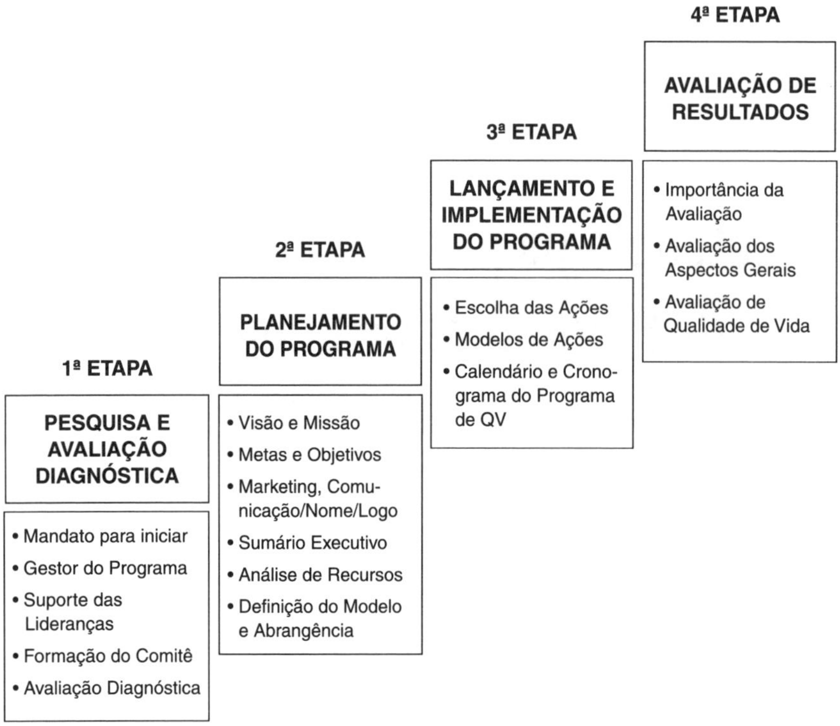

2. PRIMEIRA ETAPA: PESQUISA E AVALIAÇÃO DIAGNÓSTICA

Inicialmente são necessárias pesquisa e análise para a compreensão de como surgem a demanda e o mandato para iniciar o programa. Depois, seguem as fases de escolha do gestor, obtenção do suporte das lideranças, formação de um comitê ou grupo de trabalho, avaliação das necessidades e análise diagnóstica. Essa primeira etapa pode durar de três meses a um ano, dependendo das características organizacionais e disponibilidade da equipe envolvida.

O impacto das ações será mais facilmente percebido se os objetivos traçados ficarem bem claros. Por exemplo, se a meta da organização for melhorar sua imagem por meio do programa de qualidade de vida, é importante que se pense cuidadosamente em campanhas de comunicação e divulgação da empresa. Por outro lado, se a intenção é reduzir os custos com a assistência médica, algumas iniciativas de informação sobre o uso adequado do sistema de saúde ou gestão de doenças crônicas podem estar inclusas no programa.

É muito frequente que os programas de bem-estar e qualidade de vida tenham como objetivo principal a redução dos fatores de risco à saúde para a manutenção da produtividade dos trabalhadores. Para esse propósito, o caminho que tem sido percorrido pelas organizações é o do estímulo à mudança do estilo de vida e de padrões de comportamento de sua população, para a manutenção do estado de saúde. Essa área tem sido conhecida mundialmente como Gestão de Saúde e Produtividade, que é definida pelo American College of the Occupational and Enviromental Medicine como a disciplina que direciona o investimento da organização para intervenções que melhoram a saúde do trabalhador e performance do negócio.

Chapman (2005) descreve que as principais preocupações dos programas de bem-estar e qualidade de vida da maioria das empresas no mundo são os fatores de risco à saúde identificados como modificáveis. Vários estudos demonstraram que, através da mudança do estilo de vida, podem-se minimizar esses riscos.

No entanto, é preciso entender que a amplitude da demanda por bem-estar e qualidade de vida no ambiente organizacional é enorme. Atender a todas elas é improvável, mesmo que esse seja um desejo da organização. É preciso estar atento às suas prioridades. Os objetivos precisam estar alinhados à estratégia da empresa para que um modelo de programa adequado possa ser desenhado. Muitas empresas podem entender, por exemplo, que só trabalhar com fatores de risco para doenças crônicas não é suficiente para melhorar a saúde do indivíduo de forma integral. Dessa forma, ela pode decidir por algumas ações em seu programa que atendam a outras dimensões de bem-estar.

De acordo com Chapman (2005), as principais preocupações com a saúde e os fatores de risco identificados nos Estados Unidos são:

Doenças cardíacas	▪ Colesterol elevado ▪ Tabagismo ▪ Hipertensão arterial ▪ Excesso de peso ▪ Sedentarismo
Comportamentos de risco	▪ Uso do cinto de segurança ▪ Controle da velocidade ▪ Uso do álcool e direção ▪ Tabagismo ▪ Técnicas de direção segura ▪ Sexo seguro

Doenças respiratórias	▪ Tabagismo ▪ Poluição ▪ Fumante passivo ▪ Exposição ocupacional a poluentes
Câncer	▪ Tabagismo ▪ Obesidade ▪ Baixa ingestão de fibras ▪ Dieta rica em gorduras ▪ Abuso de álcool

Tabela 7. Principais fatores de risco para a saúde relacionados ao estilo de vida (modificado de Chapman, 2005).

2.1. Mandato para Iniciar

Entender o fator principal da demanda de um programa de bem-estar e qualidade de vida na empresa é fundamental no processo de implementação. Apesar de ser, cada vez mais, uma tendência nos modelos mais modernos de gestão de pessoas, alguns líderes ainda têm dificuldade de entender como incorporar seu programa à estratégia da organização. Existe também uma grande preocupação com os custos, uma vez que algumas organizações não estão seguras em relação ao retorno financeiro e à melhoria da produtividade. Além disso, os profissionais que trabalham com programas têm dificuldade de deixar claro para a liderança qual será o investimento necessário e qual a vantagem competitiva para o negócio.

Desta maneira, torna-se necessária a identificação do nível de prontidão em que essa empresa se encontra para a implementação de um programa de bem-estar e qualidade de vida. Uma ***pesquisa sobre o estágio de prontidão da empresa*** para implementação de um programa seria recomendável antes de se avançar com outras ações e iniciativas.

As questões a seguir norteiam a investigação sobre o estágio de prontidão:

1. A empresa está no momento certo para implementar um programa de bem-estar?
2. Ela tem metas claras e realistas que possibilitem a implementação de um programa?
3. A empresa entende a necessidade de cada etapa no processo de implementação?

4. Qual seria a participação da empresa para pesquisa e avaliação diagnóstica do programa?
5. A organização deseja participar e acompanhar o planejamento do programa?
6. Qual o suporte interno para a implementação do programa?

Com o intuito de nortear a análise, pode-se utilizar um modelo de classificação dos estágios de prontidão e os tipos de ações mais adequadas para cada estágio conforme proposto por O'Donnell (1995).

Estágio	Ação
1. Não está interessada.	O foco deve ser sensibilizar para o conceito e as vantagens de se lançar um programa.
2. Interessada na ideia, mas insegura quanto à implementação na empresa.	Faça uma análise de viabilidade de implementação do programa na empresa e, com base nos resultados, decida como proceder.
3. Interessada em implementar, mas não sabe como o programa deveria ser.	Comece o processo de avaliação e planejamento desenhando junto com os gestores o modelo de programa que será implementado.
4. Deseja implementar o programa, mas ainda há um baixo interesse dos funcionários em virtude da falta de informação.	Siga com o planejamento e implementação do programa, envolvendo os funcionários no processo de decisão participativa.
5. Decidida a implementar forte suporte para isso em todos os níveis e deseja o programa implementado em breve.	Acelere a fase de avaliação, prossiga com o desenho do programa e inicie a implementação o mais rápido possível com as ações de maior impacto.

Tabela 8. Adaptação do modelo *Stages of Readiness for a Health Promotion Program*, O'Donnell, M. P., 1995.

Com base na pesquisa, pode-se concluir que a organização não está nem um pouco interessada no programa; planejar e implementá-lo pode ser um desperdício de recursos. Nesse caso, seria melhor trabalhar na sensibilização, levantando dados e argumentos sobre a necessidade e os benefícios que o programa traria para a empresa, até que ela consiga associá-lo como ação estratégica para seu negócio.

Invariavelmente, a organização prioriza alcançar melhores resultados em seus negócios. Um programa se mantém e ganha credibilidade se puder agregar para que essa meta seja alcançada. Por isso, em alguns casos, deve-se inicialmente procurar identificar a viabilidade do programa no contexto em que a empresa se encontra. No **Anexo A**, há algumas questões a serem verificadas para se realizar a ***Pesquisa de Viabilidade***.

Desde o início do processo de implementação do programa de bem-estar e qualidade de vida, a organização precisará de alguém com conhecimentos sobre saúde e qualidade de vida, bem como sobre aspectos técnicos do programa. A seguir trataremos sobre esse importante tópico.

2.2. O Gestor do Programa

Um bom programa exige que alguém assuma a função de gestor. A empresa pode contratar esse profissional por período integral, meio período ou por projeto. Inicialmente, um consultor externo pode ser uma opção, pois ele pode trazer a experiência de outras organizações que serão consideradas na escolha do melhor modelo. Alternativamente, um profissional da empresa pode ser treinado para desempenhar essa tarefa.

O gestor deve ser capacitado para desenvolver e gerenciar as várias etapas dos programas de bem-estar e qualidade de vida. Em geral, são consultores ou profissionais de recursos humanos, saúde e segurança no trabalho – uma multidisciplinariedade que abrange engenheiros, médicos, psicólogos, enfermeiros, assistentes sociais, nutricionistas, administradores, profissionais de comunicação e marketing, de educação física, entre outros.

No Brasil, assim como nos Estados Unidos, não é necessário que essa pessoa tenha uma formação específica em saúde, porém ajuda bastante o fato de ser uma pessoa da área ou que tenha conhecimentos sobre ela. Quanto maior a empresa, maior a importância de ter uma formação em saúde, embora conhecimentos de outras áreas sejam necessários para a tarefa de implementação e gestão de programas. A seguir, algumas áreas de conhecimento que um gestor deve buscar:

▪ Comunicação e marketing	▪ Orçamento financeiro
▪ Gestão de pessoas	▪ Negociação
▪ Saúde, bem-estar e qualidade de vida	▪ Gerenciamento de projetos
▪ Conceitos sociais e de mudanças de cultura organizacional	▪ Metodologia
▪ Noções de pesquisa, projetos e avaliação de resultados	▪ Gestão de dados e tecnologia

Tabela 9. Áreas de conhecimento essenciais para o gestor de programas de Qualidade de Vida.

Frequentemente, o coordenador do programa é o gestor de recursos humanos nas empresas brasileiras. Ainda não existe, na maioria das organizações, um cargo específico para coordenar programas de qualidade de vida, e também não existem ainda muitos cursos que preparem o profissional para desempenhar essa função. É necessário que o profissional que irá assumir esse papel de coordenação de programa de qualidade de vida e bem-estar procure se capacitar pelos treinamentos para adquirir outros conhecimentos que não fazem parte de sua área de atuação.

O tempo de dedicação ao programa depende do público-alvo e da complexidade da organização. Especialistas sugerem a contratação ou designação de um funcionário capacitado da empresa como Coordenador de Qualidade de Vida. Chapman (2005) sugere que o coordenador deve dedicar-se ao programa por tempo integral se a empresa tiver mais de 600 funcionários. Se a empresa for menor, o coordenador pode se dedicar apenas em tempo parcial. É importante que as pessoas saibam a quem recorrer ou procurar para tirar dúvidas no que diz respeito à qualidade de vida. O coordenador deverá estar empenhado em dar todo o suporte para facilitar a participação das pessoas nas ações da forma mais próxima possível. Isso exigirá tempo de dedicação e muita energia.

Algumas características são desejáveis para o perfil de sucesso de um coordenador de qualidade de vida. São elas:

▪ Sensível às pessoas	▪ Ter conhecimentos de *coaching*
▪ Aberto a novas ideias	▪ Facilitador
▪ Orientado a objetivos	▪ Bom ouvinte
▪ Comunicativo	▪ Proativo
▪ Organizado	▪ Decisivo
▪ Autoconfiante	▪ Saber delegar
▪ Persuasivo	▪ Comprometido
▪ Criativo	

Tabela 10. Perfil desejado do Coordenador de Qualidade de Vida.

O Coordenador de Qualidade de Vida deve ter como tarefas principais:

- **Avaliar:** identificar as pessoas de risco e documentá-las.
- **Aconselhar:** orientar sobre os riscos e a necessidade de mudar o comportamento.
- **Acessar:** entrar em contato com as pessoas que querem participar dos programas de qualidade de vida.
- **Apoiar:** apoio, elogios, reforço (descreve opções, negocia planos de intervenção, fornece assistência nas mudanças, orientação preventiva e aconselhamento para evitar recaída).
- **Acompanhar:** agendar futuro contato e sugerir ações a serem tomadas.

2.3. Suporte das Lideranças

Para o sucesso do programa, é fundamental um forte suporte das mais altas lideranças da organização. Ele é fator crítico em todas as fases do processo, a começar pela fase de planejamento. O desejo ou necessidade de implementar o programa pode ter sido iniciado pelo empregador, pelo gestor do programa, pelo comitê, por um executivo da empresa, pelos funcionários ou até por uma necessidade de atender a um requisito legal. Quando a ideia parte de níveis superiores de hierarquia, não é necessário o convencimento dos gestores sobre a necessidade de implementação, e o apoio ao programa seria natural. Porém, nem sempre é esse o caso. Quando a situação exige, torna-se indispensável a utilização de estratégias para demonstrar os benefícios que o programa de bem-estar e qualidade de vida pode trazer para todos da organização e para o negócio como um todo.

Algumas sugestões de passos que podem facilitar a tarefa de convencimento:

1. Apresentar algumas pesquisas que demonstrem o retorno que os programas trazem nos custos diretos e indiretos.
2. Informar sobre outras organizações em geral e do mesmo segmento que tiveram bons resultados com a implementação de programas.
3. Utilizar pequisas com os funcionários da empresa para demonstrar a necessidade e o interesse deles nas ações de qualidade de vida.
4. Focar na necessidade de aumentar a moral e motivação dos funcionários para melhorar a produtividade.
5. Promover o entendimento dos benefícios que a mudança de estilo de vida dos funcionários pode trazer com os programas.

A melhor maneira de buscar o apoio da liderança da organização é promover uma reunião presencial com o presidente da empresa. A partir daí, podem-se estabelecer uma linha de comunicação, a compreensão da cultura organizacional e até um comprometimento financeiro inicial para os primeiros passos do programa. É importante entender que a tarefa de obter o suporte da liderança nem sempre é muito simples.

Na reunião inicial com o líder da empresa, é indispensável descobrir qual o comprometimento dele e qual sua visão e expectativa sobre o programa de qualidade de vida. Não se deve prometer aquilo que não será entregue. Além disso, deve-se assegurar que está claro para o gestor quais as possibilidades e limites do programa, quais as metas a serem perseguidas e em quanto tempo. O **Anexo B** apresenta uma lista de temas e questões que podem nortear o encontro de busca de suporte das lideranças para o programa de bem-estar e qualidade de vida.

Após entendimentos, solicite ao líder que formalize o apoio ao programa por meio de uma carta aos funcionários da empresa, estimulando a participação de todos. Uma boa ideia é já ter escrita e em mãos essa carta e, havendo oportunidade, sair da reunião com o gestor já com a sua assinatura, caso ele concorde com os termos. Você não sabe quando terá outra oportunidade de reunião e ganhará tempo com o fato de não ter que se desgastar correndo atrás da sua assinatura depois. No **Anexo C**, encontram-se sugestões de modelos de carta de apoio do presidente ao programa.

2.4. Formação de Comitê

A participação dos empregados na elaboração e desenho do programa é fator essencial para o seu sucesso. A formação de um comitê de funcionários pode ser um mecanismo eficiente para garantir o envolvimento dos colaboradores na elaboração de atividades do programa. O grupo pode ainda ser de extrema ajuda para o planejamento das ações, oferecendo ideias, alternativas para o envolvimento de diferentes setores e auxiliando na escolha dos melhores incentivos à participação.

No **Anexo D**, podem-se encontrar algumas perguntas que facilitam a seleção de membros para participar do comitê do programa. O'Donnell (1995) sugere que o comitê tenha de 6 a 16 membros. Um comitê menor pode ser mais fácil de coordenar, porém um grupo maior pode ser mais representativo, o que é fator bastante importante para a validação interna.

Alguns critérios de elegibilidade dos participantes devem ser observados:

1. **Nível de interesse pessoal:** o principal critério de elegebilidade para participar do comitê.
2. **Pessoas respeitadas por seus colegas:** elas que dão credibilidade ao programa, suporte para os colegas que desejam participar e influenciam os mais céticos.
3. **Indicação dos gerentes das áreas:** essas indicações devem ser consideradas, pois, em geral, os gestores têm uma percepção daqueles que mais podem contribuir para a proposta do comitê. Além disso, a indicação significa que a pessoa é respeitada pelo seu gerente.
4. **Pessoas articuladas e persuasivas:** o comitê deve ser composto por pessoas que estejam naturalmente em evidência por suas atitudes e sejam bastante ligadas aos seus colegas.
5. **Pessoas entusiasmadas, cooperativas e criativas:** essas características ajudam bastante quando é preciso motivar as pessoas para participar das atividades do programa.
6. **Pessoas com boas habilidades na comunicação:** essencial para a divulgação adequada do programa.

Para que o comitê seja eficiente, alguns cuidados devem ser mantidos desde o início:

1. **Estabelecer os critérios de participação no comitê:** evita mal-estar, quando houver necessidade de troca de membros ou de renovação de pessoas.
2. **Detalhar claramente o papel do comitê:** esclarecer desde o início quais as funções e tarefas do grupo. Isso evita confusão ao longo do desenvolvimento do programa. (O **Anexo E** contém um modelo de detalhamento das tarefas e funções do comitê.)
3. **Oferecer um treinamento formal:** visa a orientar o grupo sobre o que é um programa de qualidade de vida, sugerir bibliografia e material de pesquisa sobre o assunto. Capacitando as pessoas, elas poderão contribuir mais rapidamente com suas sugestões e ideias.
4. **Estabelecer reuniões periódicas para esse comitê:** podem ser mensais, bimestrais ou trimestrais, de acordo com a necessidade. Porém, devem ser agendadas com antecedência e comunicadas para que todos os participantes possam comparecer.
5. **Focar as reuniões nos pontos principais do comitê:** conhecer, assim, as necessidades dos funcionários da empresa. (O **Anexo F** oferece algumas perguntas a serem respondidas pelos membros ou candidatos ao comitê.)
6. **Adotar um plano anual para o programa:** ajuda o grupo a enxergar de forma mais abrangente o programa.
7. **Procurar encaminhar sempre para o consenso:** permite o fortalecimento do grupo e cria unidade.
8. **Escutar a opinião e sugestões do comitê:** se você deseja manter a motivação e o dinamismo de seu comitê.

Encontra-se no **Anexo E** um modelo com algumas atribuições de responsabilidade do comitê. É importante que todos saibam de forma bem clara o que se espera deles. O comitê ideal deve ter representatividade na organização. Algumas áreas são estratégicas para se compor um comitê representativo, como:

▪ Representante da alta direção	▪ Associação de empregados
▪ Benefícios sociais	▪ Lazer/clube/grêmio
▪ Treinamento	▪ Comunicação/marketing
▪ Recursos humanos	▪ Consultor interno ou externo (especialista)
▪ Área médica	▪ Sindicato
	▪ Representante de diferentes setores mais representativos na empresa

Tabela 11. Áreas estratégicas para o comitê de qualidade de vida.

Para facilitar as reuniões do comitê, algumas perguntas-chave podem servir de estímulo nas reflexões internas do comitê de qualidade de vida. Sugestões de perguntas podem ser encontradas no **Anexo F**.

Em algumas culturas empresariais, o termo "comitê de qualidade de vida" pode não ser o mais adequado e recomendável. Isso depende de experiências da organização com outros comitês anteriores. O nome "comitê" pode ter ficado desacreditado por não se terem alcançado os objetivos para os quais comitês anteriores foram formados. É bom avaliar se não é conveniente denominar o grupo com outros termos como: força-tarefa, time ou outra forma para garantir a credibilidade dos membros dentro da organização – isso é importante.

2.5. Avaliação Diagnóstica

Todos os programas deveriam se iniciar com uma avaliação formal de saúde, estilo de vida, necessidades e interesses do funcionário. Essa etapa do processo é fortemente recomendada pela maioria das organizações e pesquisadores que são referência na área. Os programas de bem-estar e qualidade de vida são ainda territórios muito novos nas organizações, e demonstrar racionalmente sua necessidade é importante pelo fato de que esta não é uma ideia firmemente enraizada e estabelecida no mundo corporativo. Com o diagnóstico organizacional, é possível se demonstrar com clareza a necessidade de implementar ações de bem-estar.

A avaliação diagnóstica é uma ampla investigação que nos fornece informações importantes sobre as características da organização, o perfil de saúde e estilo de vida dos funcionários e sobre as expectativas, necessidades e interesses da população. Esses conhecimentos sobre comportamentos, atitudes, preferências, história médica, prontidão para mudanças e desejos em relação ao bem-estar e à qualidade de vida fornecidos a partir da avaliação são absolutamente essenciais em qualquer intervenção nessa área. Para se mudar algo é preciso conhecer.

O refinamento das propostas só é possível com os dados e as informações levantados. Sem a avaliação inicial, não se pode garantir que o programa irá alcançar a eficácia pretendida com suas ações. Uma avaliação bem realizada agiliza as decisões com base nas informações disponibilizadas nessa etapa, serve de referência para se traçar o objetivo do programa, facilita e orienta as escolhas das ações, instrumentaliza para o planejamento, aperfeiçoa a alocação de pessoas e recursos adequados e torna-se a referência para o ponto de partida do programa.

Uma das ações fundamentais é identificar quem fará a avaliação e determinar o período em que ela se realizará. O responsável deverá estar habilitado para a tarefa. Recomenda-se que se reserve aproximadamente 10% do orçamento do programa para a avaliação diagnóstica.

A confidencialidade é especialmente importante. Um comportamento ético com os funcionários da empresa deixa claro que a privacidade será garantida e dará mais confiança de que os dados levantados serão preservados. Isso possibilita a maior adesão e confiabilidade de todos os envolvidos no processo. Saúde e bem-estar são uma condição pessoal, e os empregados devem saber que sua condição física não será revelada a outros setores da organização, para que se sintam confiantes e tranquilos para responder aos instrumentos apresentados.

A confidencialidade é assunto sério e deve ser tratada com muito cuidado. Posturas pessoais inadequadas, como negligência, imperícia, imprudência, satisfação de curiosidades, má-fé e preconceito, devem ser evitadas a todo custo.

Alguns elementos são fundamentais para garantir a **confidencialidade** da avaliação de saúde e estilo de vida individual:

1. Estabelecer políticas e normas de confidencialidade com todos os envolvidos no processo.
2. Obter a segurança de que os dados de saúde sejam arquivados em local seguro.
3. Comunicar aos funcionários a política de confidencialidade da companhia.
4. Oferecer treinamento em confidencialidade para os profissionais das avaliações de saúde, check-ups pesquisas de ambiente organizacional etc.

Outro importante fator é comunicar todos os resultados da avaliação aos participantes e o que será oferecido pela empresa para cada item encontrado como necessário de melhoria. A clareza na comunicação ajuda a adesão de todos e facilita o processo.

A avaliação ocorre em três fases que serão descritas a seguir:

■ FASE 1: Levantamento de Dados

Um modelo de programa específico para a organização deve mostrar conhecimento da realidade da organização e das pessoas que nela trabalham.

Só se traçando um perfil do grupo e da empresa será possível planejar ações adequadas para o desenvolvimento de um programa integrado e consistente. Alguns tipos de informações serão úteis para configurar um programa de bem-estar e qualidade de vida.

São dois os tipos de dados a serem levantados:

1. DADOS DA EMPRESA

A busca de informações não é uma tarefa simples. Algumas delas estarão disponíveis e outras terão de ser levantadas. É importante selecionar quais são as que poderão ajudar na escolha das ações que serão oferecidas aos funcionários e aquelas que serão priorizadas no planejamento.

A seguir algumas informações que podem ser levantadas junto **às empresas**:

- **Indicadores de saúde**
  1. Perfil demográfico.
  2. Dados de utilização do sistema de saúde.
  3. Diagnósticos mais frequentes no ambulatório médico.
  4. Informações obtidas da medicina ocupacional.
  5. Dados da área de segurança.

- **Indicadores econômicos**
  1. *Turnover*.
  2. Absenteísmo.
  3. Presenteísmo.
  4. Medidas de produtividade.
  5. Custos de assistência médica.

- **Necessidades da empresa**
  1. Reduzir *turnover*, acidentes, custos com assistência médica, absenteísmo.
  2. Melhorar o desempenho, saúde, motivação dos funcionários.

No **Anexo G**, pode-se encontrar um modelo de pesquisa sobre as necessidades da empresa.

■ **Perfil do ambiente e das condições de trabalho**

No **Anexo H**, pode-se encontrar um modelo de perfil do ambiente e das condições de trabalho desenvolvido pelo professor Markus Nahas, da Universidade Federal de Santa Catarina.

■ **Pesquisa sobre a cultura organizacional**

No **Anexo I**, pode-se encontrar um modelo de pesquisa sobre cultura organizacional.

Como dito anteriormente, essas informações permitem uma ampla compreensão da empresa. Isso possibilita definir quais intervenções estão alinhadas aos objetivos do programa de bem-estar e qualidade de vida e à estratégia de negócio.

■ METODOLOGIA DE AVALIAÇÃO DE ASPECTOS ECONÔMICOS E PRODUTIVIDADE

Os dados econômicos devem ser levantados e avaliados segundo alguns critérios metodológicos para posteriormente se conhecer e comprovar o impacto dos resultados do programa de forma efetiva. Muitas empresas no Brasil, no entanto, ainda não possuem alguns desses dados compilados. O gestor de qualidade de vida deve, então, preocupar-se em registrar essas informações antes e depois do programa implementado, para avaliar com precisão o impacto das ações nos resultados organizacionais, segundo critérios já reconhecidos. Para facilitar essa tarefa, apresentamos a seguir alguns métodos de avaliação dos aspectos econômicos e da produtividade:

1. Retorno sobre o Investimento (ROI)

Envolve a análise de múltiplas variáveis (custos de assistência médica, produtividade, acidentes do trabalho etc.) ao longo de um período superior a 24 meses e deve envolver metodologia adequada. Uma avaliação ampla, com múltiplas variáveis, pode envolver profissionais especializados e ter custo elevado. O gestor pode utilizar resultados obtidos na literatura especializada ou realizar uma avaliação simplificada.

Serxner, Baker e Gold (2006) destacam algumas questões metodológicas que podem contribuir com os profissionais que desejam avaliar o retorno sobre o investimento nos programas:

a. **Mudar o foco da avaliação:** em geral, analisam-se os custos (por exemplo, o plano de saúde), e não a utilização individual ou da população (por exemplo, consultas médicas, exames laboratoriais, internações hospitalares e uso de medicamentos). A utilização tem relação mais direta com o impacto dos programas do que os custos, que sofrem mais variações com questões como negociações contratuais, atualizações pela inflação ou aumento das carteiras. A análise de utilização pode ser feita baseada na data da prestação do serviço, e não na do pagamento ou do processamento, possibilitando análises históricas confiáveis. Além disso, sugere a conversão em unidades de serviço na unidade de custo no momento da avaliação, evitando os riscos da volatilidade dos custos ao longo do tempo.
b. **Utilizar o parâmetro pré-programa:** análise retrospectiva de 12 a 24 meses, pelo menos.
c. **Determinar o retorno sobre o investimento por meio da comparação dos custos totais ao longo de um ano:** por exemplo, com assistência médica, com os gastos totais com o programa (diretos e indiretos). Realizar os ajustes apropriados (por exemplo, com a inflação).

A análise do ROI não deve se restringir aos custos com assistência médica. Sabe-se que questões como o presenteísmo, absenteísmo, treinamento, acidentes no trabalho e aposentadorias precoces apresentam impacto econômico maior sobre o custo com capital humano.

2. Produtividade

A análise de custos relacionados à produtividade deve envolver três passos principais:

1. **Identificação** – quais são os custos relevantes?
2. **Medida** – como medir? Que indicadores utilizar? Onde obter?
3. **Valoração** – qual o custo por unidade? Utilizar ou não medidas de retorno sobre o investimento?

Os custos relacionados à produtividade podem ser definidos como a produtividade perdida e/ou os custos decorrentes da manutenção da produtividade, resultantes de questões relacionada à saúde do trabalhador e do tratamento e reabilitação decorrente de eventuais doenças.

Os custos relativos à produtividade podem estar relacionados a:

a) **Presenteísmo** – pessoas doentes que permanecem trabalhando, mas são menos produtivas.
b) ***Turnover*** **–** sobrecarga dos colegas, alocação de substitutos, recrutamento, treinamento.
c) **Absenteísmo** – falta de assiduidade ao trabalho.
d) **Incapacidade** – de longo prazo e aposentadorias por invalidez.
e) **Mortalidade**.

a) Presenteísmo

Estar presente no ambiente de trabalho, mas, por vários motivos, produzir aquém da sua capacidade constitui fenômeno denominado presenteísmo. Com alguma frequência, tem sido associado a condições de saúde, mas é importante que seja analisado sob um aspecto mais amplo, biopsicossocial, envolvendo a organização, o suporte social, as lideranças e as relações no trabalho. Com um olhar mais instrumental, Chapman (2005) define presenteísmo como a extensão mensurável com que condições de saúde, sintomas ou doenças afetam a produtividade de indivíduos que decidem permanecer trabalhando. Goetzel et alii (2004) analisaram as dez condições de saúde mais comuns nas empresas e concluíram que o presenteísmo é responsável por custos mais elevados com assistência médica do que com absenteísmo, sendo o responsável por 18 a 60% de todos os custos.

De acordo com Hemp (2004), em artigo publicado na revista *Harvard Business Review*, o presenteísmo constitui-se num fator quase invisível, mas que drena significativamente a produtividade dos trabalhadores. Não é fácil de identificar, pois quando estamos doentes ou incapacitados devemos ficar em casa ou fazer tratamento médico. No entanto, em geral, os problemas de saúde associados ao presenteísmo são leves ou não trazem consequências graves para as pessoas – como alergias, ansiedade, enxaqueca, dor nas costas, insônia, problemas gastrointestinais (gases, obstipação, síndrome do cólon irritável) ou dores nas articulações. Quando as pessoas não se sentem bem, não conseguem produzir de maneira adequada no trabalho.

A mensuração objetiva da produtividade é muito difícil de realizar no dia a dia das organizações. Desse modo, são utilizados questionários autoinformados elaborados especialmente para a avaliação do presenteísmo. Vários instrumentos foram desenvolvidos para essa avaliação, sendo os mais comuns o

WPAI-GH (*Work Productivity and Activity Impairment Questionnaire-General Health*), com seis questões, e o *WLQ* (*Work Limitaltion Questionnaire*), com 25 questões. Esses questionários foram traduzidos, receberam adaptação cultural e validação de suas propriedades psicométricas para o Brasil (Ciconelli et alii, 2006, Soárez et alii, 2007). Sua utilização deve ser precedida de autorização expressa de seus autores.

Os instrumentos de avaliação de presenteísmo podem ser incluídos na avaliação periódica de saúde ou aplicados pré e pós-intervenção nos programas. Nas situações em que se identifica aumento do presenteísmo, é interessante avaliar as informações disponíveis sobre condições de saúde (relatórios de utilização do plano de saúde, exames periódicos e licenças médicas) para elaborar estratégias específicas. Por exemplo, algumas organizações elaboram projetos para abordagem de questões como enxaqueca, tensão pré-menstrual, lombalgias ou outras condições.

b) *Turnover* (ou rotatividade de pessoal)

Pode ser determinada por decisão gerencial da organização ou ocasionada por questões relacionadas ao trabalhador, como doença. O *turnover* traz custos adicionais para a empresa: recrutamento, treinamento e alocação de profissionais temporários.

c) Absenteísmo

De acordo com Chiavenato (1991), absentismo ou ausentismo designam a falta do empregado ao trabalho e está relacionado a vários fatores relacionados ao trabalhador (doença, falta de motivação ou estímulo, questões econômicas ou problemas familiares) ou da organização do trabalho (gestão deficiente, condições desfavoráveis do ambiente, instalações insalubres ou atividades repetitivas e monótonas). Desse modo, devemos deixar claro no planejamento e nas avaliações que os programas de qualidade de vida, isoladamente, podem não ter impacto sobre o absenteísmo.

Em geral, as organizações documentam as faltas ao trabalho nas áreas de recursos humanos ou saúde ocupacional. No entanto, muitas não utilizam essas informações preciosas para a gestão e o planejamento de suas ações.

É importante que se utilizem indicadores padronizados que permitam a comparação com informações obtidas na literatura científica ou com organizações do mesmo ramo. O Bureau of Labor Statistics (BLS), nos Estados Unidos, e autores nacionais (Pupo & Laurenti, 1975, Mendes, 1980) propõem três medidas padrão que são utilizadas por muitas organizações para avaliação de absenteísmo:

- **Índice de Frequência** – divide-se o número total de faltas no período pelo número total de trabalhadores.

$$\text{Índice de Frequência} = \frac{\text{Número de faltas no período}}{\text{Total de empregados}} \times 100$$

- **Índice de Gravidade** – divide-se o número de dias perdidos pelo número total de trabalhadores.

Assim, obtém-se o tempo médio perdido por trabalhador:

$$\text{Índice de Gravidade} = \frac{\text{Número de dias perdidos}}{\text{Total de empregados}} \times 100$$

A proporção de tempo médio perdido pode ser obtida utilizando-se também a razão entre o número de horas perdidas pelo número total de horas previstas de trabalho.

- **Duração Média das Ausências** – razão entre o número de dias de ausência no período pelo número de licenças no mesmo período:

$$\text{Duração Média das Ausências} = \frac{\text{Número de dias de ausência}}{\text{Número de licenças}}$$

Recomenda-se que não sejam incluídos nesses cálculos os afastamentos por licença-maternidade, férias, feriados, repouso semanal ou compensado e demais licenças legais. Os gestores podem obter preciosas informações para análise e acompanhamento pelas variáveis, como afastamentos por questões ocupacionais, licenças de curta e longa duração, diagnósticos mais comuns e distribuição geográfica (ou por departamentos) das ausências.

2. DADOS DO FUNCIONÁRIO

São informações que aprofundam o conhecimento do perfil da população para a qual o programa será desenvolvido. Dados sobre o estilo de vida, as necessidades, expectativas e interesses dos funcionários são fundamentais para se conseguir sucesso e adesão nas ações propostas pelo programa e para a decisão de como o programa deve ser desenvolvido. Só com base no profundo conhecimento dessa população é que se pode oferecer um programa de bem-estar e qualidade de vida que verdadeiramente esteja agregando valor a essas pessoas.

Em geral, as empresas realizam avaliações periódicas de saúde com a obtenção de indicadores biométricos e laboratoriais que oferecem uma visão geral, de caráter individual e coletivo. Infelizmente, muitas vezes essas informações não são utilizadas de maneira adequada, com a análise das informações epidemiológicas e ocupacionais que propiciam uma melhor elaboração das estratégias de ação. Os indicadores de saúde a serem analisados devem ser claramente identificados. Se os exames periódicos forem ser realizados por empresa contratada, é importante exigir que os dados sejam fornecidos por ocasião do encerramento dos trabalhos.

Em geral, as avaliações devem incluir:

- **Estado de saúde** – indicadores como pressão arterial, peso corporal, estatura (e, consequentemente, índice de massa corpórea), circunferência abdominal.
- **Exames laboratoriais** – principalmente glicose e colesterol séricos. Para rastreamento de câncer de próstata, dosagem de PSA, quando aplicável.
- **Fatores de risco** – (tabagismo, atividade física, obesidade, estresse, padrão alimentar). Sugere-se avaliar o número de fatores de risco, pois este é um bom indicador a ser acompanhado anualmente, uma vez que permite analisar o impacto das ações na organização. Identificar as pessoas com mais fatores de risco, que serão escolhidas como as elegíveis para as intervenções de estilo de vida.
- **Percepção dos participantes** – sobre qualidade de vida e condição de saúde.

As doenças crônicas (doenças cardiovasculares, derrames cerebrais, câncer e diabetes) são cada vez mais frequentes em todo o mundo e são causas importantes de morbimortalidade. Desse modo, é fundamental identificar os fatores de risco e elaborar estratégias adequadas para sua abordagem. Estudos têm demonstrado que é importante estratificar a população abrangida pelo programa pelo número de fatores de risco.

Os critérios diagnósticos para os principais fatores de risco são:

- **Glicose – (Projetos Diretrizes da AMB, 2004).**
  - Glicemia acima de 126 mg/dL – diabetes.
  - Glicemia entre 100 e 125 mg/dL – realizar teste de tolerância a glicose; se alterado, intolerância à glicose.
  - Glicemia abaixo de 100 mg/dL – normal.
- **Peso corporal** – utilizam-se a circunferência abdominal e o índice de massa corpórea ou de Quetelet (razão entre o peso, em quilogramas e a estatura, em metros, elevada ao quadrado). De acordo com o Projeto Diretrizes da AMB (2005), devemos utilizar os seguintes parâmetros:
  - IMC entre 18,5 e 24,9kg/m^2 – normal.
  - IMC entre 25 e 29,9kg/m^2 – excesso de peso.
  - IMC acima de 30kg/m^2 – obesidade.
  - IMC entre 30 e 34,9kg/m^2 – obesidade grau I.
  - IMC entre 35 e 39,9kg/m^2 – obesidade grau II.
  - IMC acima de 40kg/m^2 – obesidade grau III.
- **Pressão arterial** – deve ser avaliada utilizando-se técnica adequada conforme propõem as Sociedades Brasileiras de Cardiologia e Nefrologia (Projeto Diretrizes da AMB, 2002).
  - Pressão arterial ideal – abaixo de 120 × 80mmHg.
  - Hipertensão arterial – acima de 140 × 90mmHg.

O IMC não permite distinguir a concentração de gordura central da periférica. Nesse caso, é interessante acrescentar a avaliação da circunferência abdominal, sendo considerados valores normais, medidas até 80cm para mulheres e 94cm para homens, conforme recomenda o International Diabetes Federation. A circunferência abdominal aumentada está associada a maior risco de doenças cardiovasculares e pode compor a síndrome metabólica.

- **Colesterol** – deve ser avaliado periodicamente para compor o conjunto dos fatores de risco para doenças crônicas. São considerados valores normais (CDC, 2008):

- Colesterol total abaixo de 200mg/dL.
- LDL colesterol abaixo de 100mg/dL.
- HDL acima de 40mg/dL.
- Triglicerídeo abaixo de 150mg/dL.

Uma estratégia importante é agregar as informações obtidas com as avaliações à utilização de tabelas padronizadas para estimar o risco cardiovascular total. Elas devem identificar as pessoas de alto e baixo risco, permitindo a tomada de decisão sobre programas e ações com os recursos disponíveis. O estudo mais utilizado, inclusive no Brasil, é denominado "Framingham Heart Study", que propõe várias tabelas, de acordo principalmente com as faixas etárias e o sexo. No entanto, essas curvas foram elaboradas baseadas em informações obtidas em uma comunidade norte-americana e não foram validadas para o Brasil.

A Organização Mundial da Saúde elaborou tabelas, baseadas no estudo "World Health Report 2002", publicadas em 2007 e enquadradas para diferentes continentes. Esse modelo foi construído com as variáveis – idade, sexo, tabagismo, pressão arterial, colesterol e diabetes. Além disso, as tabelas podem ser utilizadas para orientação e educação sobre os riscos e o impacto da melhoria da condição individual de saúde e da mudança de estilo de vida. A publicação completa da Organização Mundial da Saúde pode ser solicitada através do endereço eletrônico: www.who.int-bookorders. O gráfico para o Brasil pode ser consultado no **Anexo J**.

Essas tabelas e gráfico não incluem indicadores de estilo de vida, como atividade física, ou marcadores, como proteína C reativa, creatinina, ácido úrico, albuminúria ou fibrinogênio. Ao realizarmos a estratificação de nossa população na avaliação e acompanhamento, é importante identificar e acompanhar as pessoas portadoras de síndrome metabólica (obesidade central, pressão arterial elevada, dislipidemia e resistência à insulina), pois elas apresentam risco aumentado para doença cardiovascular, derrame cerebral e diabetes.

- **Estilo de vida/Bem-estar**
  - Hábitos diários
  - Alimentação
  - Atividade física
  - Estresse
  - Tabagismo

O Questionário Internacional de Atividade Física – IPAQ (**Anexo K**) foi proposto pela Organização Mundial da Saúde a fim de servir como instrumento mundial para determinar o nível de atividade física em nível populacional (Matsudo et alii, 2001).

Uma estratégia adequada na avaliação é a adoção dos critérios e indicadores do estudo Vigilância de Fatores de Risco e Proteção para Doenças Crônicas por Inquérito Telefônico (VIGITEL), do Ministério da Saúde, a saber:

a. Tabagismo

- Frequência – todo indivíduo que fuma.
- Frequência de ex-fumante – todo indivíduo que declarou ter fumado no passado.
- Frequência do consumo de 20 cigarros ou mais.
- Início do hábito de fumar.

b. Excesso de peso e obesidade

- Excesso de peso – IMC igual ou superior a 25 kg/m^2.
- Obesidade – IMC a partir de 30 kg/m^2.

c. Consumo alimentar

- Consumo regular de frutas e hortaliças – em cinco ou mais dias na semana.
- Consumo recomendado de frutas e hortaliças – em cinco ou mais dias da semana, ingestão diária de pelo menos 400 g de frutas e hortaliças (aproximadamente cinco porções), incluindo sucos, hortaliças cruas (saladas) ou cozidas.
- Consumo de carnes com excesso de gordura – hábito de consumir carne vermelha gordurosa ou frango com pele, sem remover a gordura visível dos alimentos.
- Consumo regular de refrigerantes – em cinco ou mais dias da semana.

d. Atividade física

- **Atividade física suficiente no lazer** – prática de pelo menos 30 minutos diários de atividade física de intensidade leve ou moderada em cinco ou mais dias da semana ou a prática de pelo menos vinte minutos diários de atividade física de intensidade vigorosa em três ou mais dias da semana.

- **Inatividade física** – indivíduos que informam: (1) não terem praticado qualquer atividade física no lazer nos últimos três meses; (2) não realizarem esforços físicos intensos no trabalho, não andarem muito, não carregarem peso, não fazerem outras atividades equivalentes em termos de esforço físico; (3) não se deslocarem para o trabalho a pé ou de bicicleta; (4) não serem responsáveis pela limpeza pesada de casa.

e. Consumo abusivo de bebida alcoólica

- Adultos que, nos últimos 30 dias, afirmaram ter consumido em uma única ocasião mais de quatro doses (mulheres) ou mais de cinco doses (homens) de bebidas alcoólicas.
- Conduzir veículos motorizados após o consumo abusivo de bebidas alcoólicas em pelo menos uma ocasião nos últimos 30 dias.

f. Autoavaliação do estado de saúde

- Uma única questão que pede para o indivíduo classificar seu estado de saúde em excelente, bom, regular ou ruim. Esse indicador tem se revelado fortemente correlacionado com medidas objetivas de morbidade e de uso de serviços, constituindo-se um preditor poderoso da mortalidade, independente de fatores médicos, comportamentais e psicossociais (VIGITEL, 2009).

No **Anexo L**, pode-se encontrar um modelo de perfil de estilo de vida individual desenvolvido por Markus Nahas (2008) que propõe a avaliação do pentáculo do bem-estar – nutrição, atividade física, comportamento preventivo, relacionamentos e controle do estresse. Esse instrumento permite uma autoavaliação, estimulando a mudança de comportamento e a análise dos dados consolidados, e permite ao gestor elaborar estratégias para cada item.

No **Anexo M**, encontra-se outro modelo de perfil de bem-estar e qualidade de vida, elaborado por Alberto Ogata e Sâmia Simurro (2009), com abordagem das dimensões física, social, emocional e espiritual. Esse teste não se aplica à análise da população, mas é utilizado unicamente como ferramenta individual para identificar tópicos a serem aprimorados na gestão pessoal de saúde e bem-estar.

No **Anexo N**, há um instrumento de autodiagnóstico e sensibilização para as múltiplas dimensões de qualidade de vida, denominado Muro do Bem-Estar. Esta avaliação pode ser utilizada em feiras de saúde e eventos de educação em saúde e pode ser adaptada para os diferentes públicos.

- **Avaliação de interesses, expectativas e necessidades**
  Envolve o conhecimento de interesses, necessidades e expectativas dos trabalhadores. A pesquisa deve ser feita com estratificação por sexo, setor e área de atuação. É fundamental para o planejamento das ações.

No **Anexo O**, pode-se encontrar um modelo de pesquisa sobre as necessidades e interesses.

- **Estágios de prontidão para mudanças:**
  - **Pré-contemplação:** Não está interessado em mudar.
  - **Contemplação:** Pretende mudar nos próximos seis meses.
  - **Preparação:** Preparando-se para mudar nos próximos 30 dias.
  - **Ação:** Os primeiros seis meses de mudança do comportamento.
  - **Manutenção:** Mudança realizada por mais de seis meses.
  - **Finalização:** Estágio de estabilidade da mudança.
  - **Recaída:** O indivíduo volta para o estágio anterior.

No **Anexo P**, pode-se encontrar um modelo de pesquisa sobre o estágio de prontidão para mudança, baseado no modelo transcomportamental proposto por James Prochaska.

Muitas das informações estão pulverizadas nos diferentes setores da organização, que podem fornecer valiosas contribuições para o desenho inicial do programa:

- Saúde ocupacional
- Plano de assistência médica
- Recursos humanos
- Segurança do trabalho
- Benefícios
- Marketing
- Responsabilidade social

É importante selecionar quais informações serão utilizadas e necessárias para o planejamento do programa e ações. Conforme já comentado, alguns desses dados talvez não estejam disponíveis no momento do planejamento. A empresa pode não levantar essa informação normalmente. Nesse caso, deve-se considerar a necessidade ou não de se buscar o dado que não é oferecido, por meio da pesquisa. Essa decisão deve ser discutida pelos responsáveis pelo programa. Em algumas empresas, pesquisas exaustivas podem comprometer a motivação para a implementação do programa de bem-estar e qualidade de vida. Outro cuidado ao se levantarem informações e realizarem pesquisas é que não se criem expectativas que não correspondam à proposta do que será oferecido no programa. Expectativas inadequadas comprometem a credibilidade e o sucesso da iniciativa.

Ao se iniciar uma avaliação diagnóstica, as perguntas e os cuidados a seguir são fundamentais:

- Quem fará a avaliação?
- O que será avaliado?
- Período da avaliação?
- Qual o orçamento para avaliação?
- Qual o período de análise dos resultados?
- Comunicar os resultados aos colaboradores.
- Garantir a confidencialidade dos dados levantados.

Custo de Assistência Médica

O uso do plano de saúde é a medida que reflete o volume ou demanda pelos serviços de saúde. Os indicadores mais utilizados são:

- **Sinistralidade** – relação entre as despesas com serviços médicos, de diagnóstico, internação e reabilitação e os recursos financeiros e orçamentários disponíveis.
- **Número de eventos** – (consultas, internações, exames) gerados pelos empregados e dependentes.
- **Doenças mais prevalentes**.
- **Custos relacionados a dependentes**.

A avaliação deve incluir as despesas com assistência médica também dos dependentes e aposentados. De acordo com Ferraz et alii (2008), que analisaram a sinistralidade de planos de saúde brasileiros, as maiores despesas ocorreram no grupo com faixa etária de 71-80 anos e aumentaram gradualmente nos quatro anos que antecederam o óbito (cerca de 70% das despesas ocorreram no último ano de vida).

Os custos com assistência médica estão relacionados a muitas variáveis, como incorporação de novas tecnologias, envelhecimento da população, mau uso do sistema, modelo de gestão e, desse modo, o impacto dos programas de qualidade de vida nessas variáveis pode ser limitada e explicitada na avaliação. Pesquisa publicada em 2008, envolvendo as empresas que possuem programas de autogestão em saúde, demonstrou que há um aumento crescente do número de exames solicitados por consulta e por beneficiário/ano. Nesse caso, por exemplo, medidas de gestão serão mais eficazes.

No entanto, as doenças crônicas (cardiovasculares, derrames cerebrais, diabetes e câncer) são as principais causas de morbimortalidade, estando consequentemente relacionadas a consultas médicas, procedimentos diagnósticos e internações. De acordo com a Organização Mundial da Saúde (2005), pelo menos 80% das doenças cardíacas, dos derrames cerebrais e das diabetes tipo II e 40% dos cânceres podem ser prevenidos com mudança no estilo de vida (não fumar, atividade física e alimentação adequada). Nesse caso, o impacto de ações relacionadas ao estilo de vida no custo de assistência médica somente será identificado a médio e longo prazo.

FASE 2: Elaboração dos Relatórios da Avaliação Diagnóstica

Um relatório de feedback deve ser elaborado para as pessoas e para a empresa. Informar sobre os resultados pesquisados dá credibilidade de que algo novo irá acontecer a partir da pesquisa diagnóstica.

A seguir os tipos de relatórios que devem ser apresentados e o conteúdo que deve constar em cada um deles:

- **Relatório individual:**
  - Perfil de saúde e estilo de vida.
  - Áreas críticas presentes e pontos fortes.
  - Recomendações para a melhoria da qualidade de vida e do bem-estar.

- **Relatório gerencial e sumário executivo:**
  - Áreas críticas presentes.
  - Principais fatores de risco à saúde.
  - Grupos por estado de saúde, prontidão para mudança, interesses.
  - Prioridades a serem atendidas.
  - Sugestões para o desenvolvimento de ações específicas.

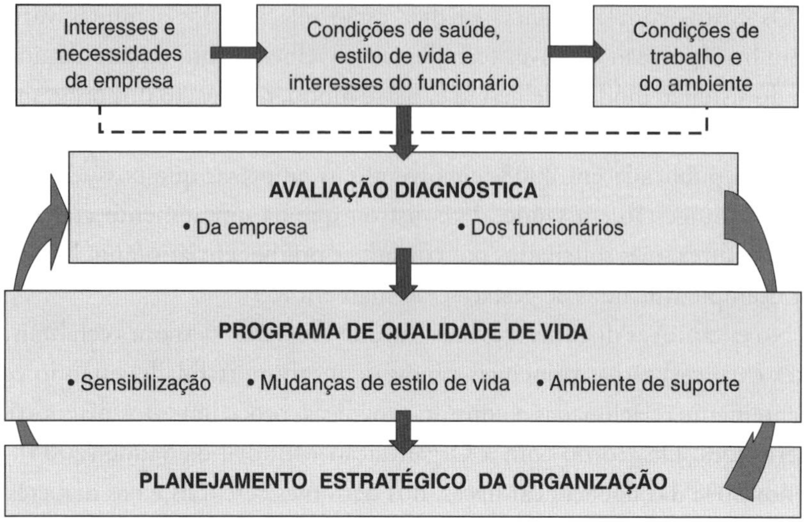

Figura 3. Resumo do processo de pesquisa e avaliação diagnóstica.

- **FASE 3: Apresentação dos Resultados à Presidência e aos Funcionários**

Os resultados da avaliação precisam ser apresentados à direção da empresa para que esta entenda melhor sobre a necessidade do programa. Uma apresentação formal para a presidência pode ser bastante conveniente no sentido de demonstrar os resultados encontrados na pesquisa.

3. SEGUNDA ETAPA: PLANEJAMENTO DO PROGRAMA

O planejamento define onde se que chegar, o que deve ser feito, quando, como e em que sequência. Isso implica definir objetivos e escolher melhores meios e ações para alcançá-los. Um bom planejamento parte da premissa de que as ações abaixo estarão sendo executadas nessa fase:

- Apresentar a avaliação diagnóstica para a liderança.
- Comprometer e sensibilizar as lideranças com as necessidades levantadas.
- Integrar com a política da empresa.
- Ter missão e transmitir valores corporativos.
- Ser adaptado às condições específicas da empresa.
- Ter legitimidade e identidade com a empresa.
- Envolver as áreas pertinentes (comitê, grupo de qualidade de vida).

Logo no início do planejamento, é importante fazer uma lista de possibilidades mesmo antes de determinar o escopo do programa. Este é um estágio bastante criativo no qual deve-se levantar todas as alternativas de ações do programa, pensando em como este seria se não houvesse limites de recursos financeiros ou de viabilidade prática das ações desejadas. O grupo deve entender esta fase como um *brainstorm* do desejo do comitê de qualidade de vida sobre como o programa deveria ser. Esse é um importante processo que, além de trazer à tona todas as possibilidades, ajuda a desenvolver nos funcionários que participam do processo o sentimento de pertencimento ao programa.

É muito importante que essa etapa seja liderada por um facilitador que tenha especialidade em gestão e coordenação de programas de qualidade de vida, para evitar que as pessoas se percam nos objetivos, e estas discussões se tornem improdutivas.

Algumas vezes, o grupo deve buscar informações adicionais para decidir o que deve fazer parte do programa. Isso pode ser feito por meio de:

- Visitas de *benchmarking* a outras empresas que possuam programas.
- Leitura de materiais sobre o tema para obter algumas ideias.
- Levantamento de ações em bem-estar já realizadas na empresa e das reações dos funcionários a elas.
- Avaliação dos vários modelos de programas que existem e análise do melhor modelo para a empresa em questão.

A partir de determinado ponto, o grupo de qualidade de vida deve definir o verdadeiro escopo do programa, considerando todas as características, variáveis, limites e possibilidades da organização. É a hora do ajuste entre o desejo e as possibilidades. Isso envolve eleger as prioridades do programa que devem estar ligadas aos seus objetivos e às estratégias da empresa. Essa análise deve considerar como obter e onde aplicar os recursos para a realização das atividades do programa e estabelecer um cronograma que deva ser pelo menos anual, para que as ações sejam oferecidas nas diferentes fases do programa.

3.1. Visão e Missão

Um programa de bem-estar e qualidade de vida bem estruturado deve ter sua visão e missão alinhadas à visão, missão e valores da empresa como um todo e deve entrar como um aspecto da estratégia organizacional. O programa só se torna viável quando ele agrega valor dentro do negócio da empresa.

Para desenvolver a visão de um programa, é desejável que esta seja compartilhada pelo grupo e que seja realista em termos de viabilidade de realização. É recomendável que se reúna o comitê do programa e que este expresse como o futuro é visto. Aconselha-se, em seguida, promover uma discussão sobre os pontos divergentes e os pontos em comum do grupo e, com base nela, ir criando sua visão.

A **visão** representa o sonho estratégico e alcançável do programa, construída com base em um processo participativo entre os membros do comitê. Uma visão bem construída deve responder às seguintes perguntas:

1. O que pretendemos ser?
2. O que faremos para ser o que pretendemos?
3. Com quem queremos trabalhar?
4. Como queremos trabalhar?
5. O que faremos para ter apoio?

A **missão** deixa clara a razão pela qual se deve implementar o programa. A construção da missão é sempre um desafio, mas os benefícios são muitos. Uma missão bem definida promove coesão no grupo, facilita a transformação das ideias em ações claras e ajuda na alocação dos diferentes recursos necessários para o desenvolvimento do programa (financeiros, humanos e ambientais).

Uma missão bem formulada deve responder às seguintes questões:

1. O que faremos?
2. Para quem faremos?
3. Onde faremos?
4. Por que faremos?
5. Como faremos?

A sugestão é organizar uma oficina com os membros do comitê de qualidade de vida para discutir essas perguntas fundamentais da visão e da missão, bem como responder a elas.

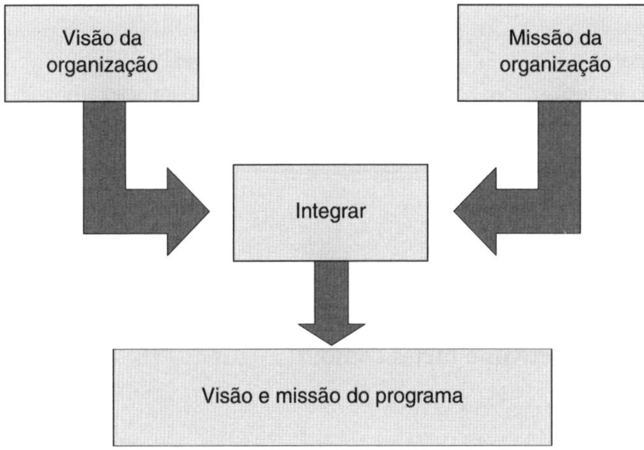

Figura 4. A visão e missão da organização como base para a visão e missão do programa.

3.2. Metas e Objetivos

Para focar os esforços, é necessário que o grupo de qualidade de vida determine claramente as metas e objetivos do programa. Meta é o futuro que se quer alcançar. Elas devem ser definidas de forma específica e mensuráveis. Isso requer comprometimento pessoal dos responsáveis pelo processo. Baun (2002) sugere que sejam incluídos quatro passos no processo de traçar as metas e objetivos para que se aumentem as possibilidades de participação ativa do grupo de qualidade de vida:

1. Definir o que será alcançado.
2. Determinar o resultado de forma específica e mensurável.
3. Criar um prazo para o alcance das metas.
4. Identificar os recursos para se alcançarem os objetivos (financeiros, de pessoas e tempo).

Objetivos bem definidos são importantes para que se saiba o que tem que ser perseguido. Alcançar os objetivos fica mais fácil quando estes são claros e realistas. Muitos comitês adotam o método S.M.A.R.T. para garantir que todos os requisitos necessários para um objetivo bem estabelecido estejam incluídos (Rouillard, 1998). Abaixo os requisitos do método S.M.A.R.T. para um objetivo bem elaborado e sua tradução ao lado:

S - specific M - mensurable A - action oriented R - realistic T - time and resource constrained	S - específico M - mensurável A - orientada para ação R - realista T - tempo e recurso limitado

Tabela 12. Método S.M.A.R.T.

Os passos citados anteriormente e o método S.M.A.R.T. ajudam o gestor de programas de qualidade de vida a obter algumas respostas que facilitam na elaboração dos objetivos e metas como:

- Quem?
- O quê?
- Quando?
- Como?
- Quanto custa?

3.3. Marketing, Comunicação, Nome e Logo do Programa

Um plano de marketing deve ser definido para o programa. Alguns fatores precisam ser considerados na sua elaboração para que seja bem-sucedido. Um deles é a compreensão do segmento do público para o qual o programa ou a ação específica será endereçada. Analisar o público-alvo das ações e a abertura para temas em qualidade de vida dentro da empresa é fundamental. Talvez seja preciso despertar a necessidade nesse público por meio de atividades de sensibilização, a fim de que ele decida participar das ações propostas. Só a partir daí pode-se utilizar uma combinação de ferramentas e processos para comunicar, agregar valor e maximizar as chances de sucesso do programa.

As ferramentas do "Marketing Mix" podem ser adaptadas para trabalhar a divulgação dos programas de qualidade de vida. Tais ferramentas são comumente conhecidas como os **"4 Ps"** (Produto, Praça, Promoção e Preço). Abaixo uma adaptação das ferramentas que podem ser trabalhadas e analisadas no marketing dos programas de qualidade de vida.

PRODUTO	PRAÇA	PROMOÇÃO	PREÇO
▪ Qualidade das ações	▪ Formas de acesso	▪ Meios de comunicação	▪ Benefícios
▪ Características das atividades	▪ Abrangência	▪ Maneiras de utilização do material de divulgação	▪ Participação financeira (se houver)
▪ Necessidades dos empregados	▪ Logística	▪ Incentivos para a participação	
▪ Formas de apresentação		▪ Relações com usuários (sucessos divulgados)	

Tabela 13. Marketing mix: adaptação dos "4 Ps" para os programas de bem-estar e qualidade de vida.

A comunicação das ações é fundamental para a adesão e sucesso dos programas. Só através de estratégias adequadas é que se consegue promover a conscientização da necessidade de mudança para um estilo de vida saudável. Dessa forma, a comunicação interna torna-se sempre um grande desafio. Uma comunicação eficiente pode melhorar a aceitação e compreensão dos funcionários com a proposta do programa em todos os níveis hierárquicos da empresa, ao mesmo tempo em que aumenta a confiança na equipe responsável. Ela é uma importante ferramenta de integração e motivação.

Um programa bem comunicado consegue:

- Despertar ou aumentar o grau de consciência sobre as questões da qualidade de vida.
- Sensibilizar e influenciar os comportamentos para atitudes mais saudáveis.
- Relembrar ou reforçar conhecimentos, atitudes e comportamentos.
- Apoiar mudanças nos estilos de vida das pessoas.
- Envolver as pessoas como agentes ativos no processo de mudanças.

A eficácia da divulgação das informações depende de se conseguir ser transparente e ágil dentro da empresa. A identificação rápida de todas as ações que se referem à qualidade de vida é facilitada quando acompanhada de um logo que permitirá a visualização imediata a respeito do que se trata aquele comunicado. O logo deve ser conhecido por todos como sendo a marca do programa. Quando ele aparecer nos veículos de comunicação, deve ser imediatamente associado pelos funcionários ao bem-estar e qualidade de vida.

O nome do programa é outro tema que exige cuidado. Ele deve fazer referência à proposta para a qual o programa foi criado. Algumas empresas realizam concursos entre os funcionários tanto para a escolha do logo, como para a escolha do nome. Essa estratégia é utilizada como forma de envolver os funcionários na proposta do programa. Os nomes criativos são sempre bem-vindos e ajudam no registro da proposta (no **Anexo Q**, há algumas sugestões e ideias de nomes, logos e temas para programas).

A comunicação por si só já deve ser um estímulo à participação dos funcionários nas ações propostas. Por isso, não se deve esquecer de mencionar nos comunicados os incentivos, como prêmios, incentivos financeiros e sorteios, se e quando houver. As maneiras de comunicar as ações e o programa de bem-estar podem ocorrer de formas muito variadas, algumas mais tradicionais e outras não tão tradicionais assim. Algumas sugestões de veículos e formas de comunicar os programas e ações são descritas a seguir:

- **Notas ou cartas individualizadas:** uma forma de abordagem muito utilizada nas empresas e que pode ser preparada de maneira atrativa para que o conteúdo seja melhor absorvido. Infelizmente alguns funcionários não leem o material escrito.
- **Anúncios ou notas nos boletins das empresas:** os boletins periódicos são muitíssimos utilizados como forma de comunicação com os funcionários, porém nem sempre são lidos, a não ser que haja um interesse específico.
- **Anúncios em quadros de aviso:** podem ser fixados cartazes de divulgação de eventos e mensagens de apoio ao programa da presidência, de acordo com a necessidade.
- **Informativos periódicos:** podem ser semanais, quinzenais, mensais ou bimestrais; podem ainda ser no formato impresso e/ou versão on-line. O formato impresso tem a vantagem de poder ser disponibilizado para os familiares dos funcionários.
- **Faixas, cartazes ou banners:** são elaborados para divulgar eventos ou ações que serão oferecidas dentro do programa.

- **Folders impressos:** os folders são largamente utilizados e distribuídos ou deixados em lugares estratégicos, onde os funcionários poderão pegar livremente. Eles podem focar num aspecto específico da saúde e qualidade de vida ou ser mais gerais no que diz respeito ao estilo de vida saudável.
- **Mensagens nos contracheques:** são orientações escritas sobre o estilo de vida saudável ou informações do programa. Essa forma de comunicação tem sido cada vez menos utilizada, uma vez que cresce o número de empresas que paga por meio de depósito eletrônico direto.
- **Apresentações em vídeos:** uso cada vez mais frequente para algumas situações nas empresas. Tem se tornado uma abordagem muito interessante de sensibilização para o conceito. Coloca-se um monitor de televisão ou telão (na saída do restaurante da empresa, por exemplo) e apresentam-se repetidamente vídeos sobre o assunto que se deseja abordar no programa de qualidade de vida (segurança, saúde, ética). Esses vídeos podem ficar posteriormente na videoteca da empresa, onde os funcionários possam ter acesso, alugar e levar para casa, compartilhando, assim, com seus familiares.
- **Apresentações em powerpoint:** podem ou não vir acompanhadas de recurso auditivo associado. Na maioria das vezes, são projetadas de forma contínua em lugares estratégicos na empresa, como salas de espera ou filas. É um recurso mais barato de produzir e podem ser distribuídos CDs ou DVDs para que os funcionários levem para casa e compartilhem com a família a apresentação. Também é possível programar palestras em que o assunto pode ser aprofundado com um profissional.
- **E-mail:** para as diferentes ações do programa de qualidade de vida, pode-se elaborar e enviar e-mail personalizado para a convocação do funcionário para participar daquela etapa específica. Esse veículo pode ser utilizado para grupos determinados ou para os funcionários em geral. É possível também utilizar esse veículo para enviar informações periódicas sobre saúde e bem-estar.
- **Contato telefônico:** em geral é utilizado para convidar pessoas com riscos específicos ou com recomendação para participar de algumas atividades propostas pela empresa. O telefonema pretende sensibilizar e motivar a participação na ação ou fazer um acompanhamento específico (frequência, minimizar dificuldades). Essa forma de comunicação também pode ser usada para tirar dúvidas, receber sugestões ou críticas.

- **Anúncios em reuniões da empresa:** um anúncio informativo numa reunião para comunicar uma ação de qualidade de vida tem fortes chances de sucesso entre os funcionários. Em geral, eles são rápidos e passam apenas as informações essenciais orientando para a forma de obtenção de mais informações.
- **Displays de mesa ou calendários:** a distribuição de calendários com mensagens de saúde e/ou com as datas das ações oferecidas pela organização pode ser utilizada tanto para passar a mensagem do programa como para informar e lembrar sobre a atividade.
- **Mensagens no jornal interno da empresa:** esse veículo pode ter um espaço fixo com depoimentos, entrevistas com profissionais ou pode falar sobre um tema específico da qualidade de vida. O objetivo é o de informar e divulgar os conceitos para o funcionário e também seus familiares, de acordo com as estratégias do programa. Podem conter notícias sobre segurança, higiene, saúde, meio ambiente, entre outras.

Ao comunicar as atividades do programa, recomenda-se evitar:

- Palestras longas e técnicas.
- Mensagens ameaçadoras.
- Textos confusos.
- Manuais extensos.

Apesar de toda a importância da comunicação para o sucesso do programa, vale comentar que, esta, por si só, não muda o comportamento das pessoas para um estilo de vida saudável, nem dispensa outras formas de sensibilização e motivação para a participação nos programas de bem-estar e qualidade de vida.

3.4. Sumário Executivo

O planejamento de um programa de bem-estar e qualidade de vida no ambiente de trabalho envolve a preparação de um sumário executivo acompanhado do investimento financeiro envolvido para o seu desenvolvimento. Ele é a apresentação do projeto de implementação do programa e, por isso, deve ser capaz de comunicar, esclarecer e cativar a pessoa para a qual ele é destinado.

O sumário executivo possui duas importantes funções:

- Conduzir de forma breve ao entendimento do projeto dos principais tópicos do programa.
- Permitir que, em poucos minutos, o leitor entenda, avalie e acompanhe o plano de implementação e o planejamento financeiro para o programa.

O sumário não deve ter mais do que duas páginas e precisa apresentar os seguintes itens:

- **Introdução:** deve incluir as principais tendências, as vantagens econômicas do programa, as características principais dos programas bem-sucedidos, os principais custos da empresa com a saúde, situação atual das ações existentes, resultados da pesquisa de necessidades e interesses, principais fatores de risco da população.
- **Proposta do programa:** as metas e os objetivos do programa, a viabilidade de se iniciar e o impacto do programa esperado na organização.
- **Programa das atividades:** apresentar uma breve descrição das principais ações escolhidas.
- **Investimento previsto:** incluir recursos administrativos necessários, justificativas para o investimento. Pode-se procurar traduzir esse investimento em valores *per capita* ou por atividade desenvolvida.
- **Proposta de cronograma:** é desejável que se apresente um cronograma anual.
- **Plano de avaliação:** este plano deve incluir data de levantamento dos dados, tempo de avaliação da atividade, pontos que serão avaliados e prazo de relatórios.
- **Anexos:** devem-se anexar documentos que contribuíram para a elaboração da proposta como: modelo da pesquisa de necessidades e interesses, pesquisa de estilo de vida, lista de comentários dos funcionários da pesquisa.

No **Anexo R**, pode-se encontrar uma proposta de modelo do que deve conter no sumário executivo do programa de bem-estar e qualidade de vida.

3.5. Análise de Recursos

Muitos dos programas nas empresas precisam de recursos iniciais na fase de planejamento. Eles podem não ser apenas financeiros, mas também em forma de tempo do gestor e dos profissionais que serão envolvidos no planejamento e nas avaliações, ou mesmo de estrutura física. Assim, é necessário que se realize uma análise sobre a existência dos recursos seguintes para a continuidade do processo:

- **Financeiros**
  Apesar de os recursos financeiros serem definidos no final do planejamento, existe a necessidade de um comprometimento inicial para possibilitar o desenvolvimento da avaliação diagnóstica e do planejamento do programa. É importante deixar claro que o investimento final previsto será apresentado na conclusão do planejamento.

- **Instalações**
  No planejamento, deve-se considerar o espaço físico para as ações e a viabilidade de cada uma delas nas instalações da empresa. Isso pode envolver reservas de salas ou até a construção ou reforma de espaço específico, para adequar as ações que serão oferecidas. Também deve-se identificar as necessidades de compra de material ou equipamentos.

- **Pessoal**
  Durante o planejamento inicial, pode ser necessário contratar um consultor externo para auxiliar nessa etapa. Algumas vezes, a experiência trazida de fora pode ser de grande ajuda nesse momento do processo.

  O tempo de dedicação do gestor de qualidade de vida ao programa depende do número de pessoas para quem ele se dirige e da complexidade da organização. Além disso, para se realizar a avaliação diagnóstica e o planejamento pode surgir a necessidade da contratação de um especialista e os custos financeiros devem ser considerados no planejamento.

3.6. Definição do Modelo e da Abrangência do Programa

Desenhar o modelo do programa de qualidade de vida e delimitar sua abrangência é um desafio nem sempre fácil de se realizar. A decisão deve passar por uma cuidadosa reflexão para que não haja precipitação e não se ofereça um modelo que não esteja de acordo com as possibilidades ou momento da empresa. Para facilitar na decisão do modelo de programa que será implantado, sugere-se que se responda às perguntas a seguir:

- Quais serão as prioridades do programa? Estão alinhadas com as estratégias da empresa?
- Quais as ações do programa que melhor alcançam as metas de curto e de longo prazo?
- Quais serão as principais ações oferecidas pelo programa? Quando elas serão implantadas?
- Como será a introdução das ações iniciais e como se dará o gerenciamento delas para se alcançarem as metas do programa?
- Será oferecido treinamento para as áreas envolvidas com as ações do programa?
- Como se determinará quais os funcionários elegíveis (por cargo ou função, por exemplo: gerentes, linha de produção, aposentados; por localidade ou planta; por área ou departamento; por grupo específico ou grupo piloto; para todos da empresa)?
- As esposas e dependentes serão elegíveis?
- O programa será patrocinado pela empresa ou terá coparticipação do funcionário?
- A comunidade onde a empresa está inserida também poderá participar do programa?

4. TERCEIRA ETAPA: LANÇAMENTO E IMPLEMENTAÇÃO DO PROGRAMA

É a etapa na qual os planos que foram desenvolvidos serão implementados. O desenho do programa é ativado, a estratégia de marketing é iniciada e os incentivos para a participação são comunicados. Tudo deve ser cuidadosamente preparado para oferecer um serviço de qualidade dentro dos prazos estipulados no calendário e no cronograma das atividades preparados no planejamento.

É, sem dúvida, uma fase bastante crítica para o sucesso do programa. Nessa fase, as ações serão iniciadas e a filosofia do programa será apresentada aos funcionários. A habilidade de criar pertencimento e de envolver a todos para que participem das atividades propostas é crucial para a sobrevivência do programa. Pode levar um certo tempo até se conseguir uma boa adesão das pessoas ao programa. É importante que se mantenham por algum tempo as ações, até que as pessoas conheçam e participem. A mudança de comportamento é um processo que precisa ser cuidadosamente acompanhado. Por isso, as ações precisam ser renovadas e oferecidas algumas vezes ao longo do ano. A Association for Fitness in Business (1992) sugere que se aproveitem os diferentes ciclos ao longo do ano, para oferecer diversas atividades. Por exemplo, em janeiro, as pessoas estão pensando sobre as resoluções para o ano-novo. Isso faz com que seja um bom momento para sugerir novos programas em atividade física, alimentação saudável e controle de obesidade.

4.1. Escolha das Ações

Essa é uma importante fase. Ela começa com o levantamento de dados e a avaliação diagnóstica. Com essas informações coletadas, pode-se, a partir da realidade da organização, desenhar as melhores ações aplicáveis para a empresa. As escolhas deverão fazer parte do processo de evolução do programa durante todo o seu desenvolvimento. O estudo anterior e os dados obtidos constituem um eficiente guia para a implementação, elegendo as prioridades do momento da empresa.

Recomenda-se que, para alcançar a melhoria da qualidade de vida e o bem-estar dos funcionários, se elejam ações que atendam ao equilíbrio das diferentes dimensões da pessoa. Além disso, deve-se procurar as ações com mais impacto no estilo de vida das pessoas e que tenham mais chances de apresentar os melhores resultados em mudança e/ou de retorno financeiro. O lançamento deve se dar de forma a provocar fortes impressões e expectativas positivas nos funcionários.

Para iniciar o programa, devem-se considerar os seguintes aspectos:

- **Áreas ou Dimensões da Saúde ou Bem-estar:**

Eleger a área crítica que será o foco do programa é fundamental. Essa decisão se realiza com base na análise dos resultados da avaliação diagnóstica e da pesquisa das necessidades e interesses. A justificativa da escolha depende desses resultados, somados aos dados da literatura sobre a importância comprovada dessa área para a saúde. Por exemplo, um programa seria iniciado com o incentivo à atividade física se na pesquisa realizada constatar-se que 61% não praticam atividade física regular, 56% estão acima do peso e 73% se consideram estressados.

As áreas mais críticas e que devem ser consideradas para dar início ao programa são, em geral, ações em atividade física, saúde emocional e gestão de estresse, dependência química (tabagismo, álcool, uso de drogas), nutrição, controle de peso, segurança no trabalho, ergonomia, relacionamento social e saúde espiritual.

- **A Época do Período do Lançamento:**

A escolha da época para o lançamento do programa deve considerar qual será o período mais favorável para isso. Leva-se em conta o momento interno da organização, a estação do ano ou datas especiais que poderão ser aproveitadas para potencializar e fortalecer as ações de lançamento. Existem muitas possibilidades de aproveitar diferentes fases ou períodos para realizar o lançamento e dar início às ações. Por exemplo: aproveitar a semana da saúde ou SIPATS pode ser uma boa oportunidade para lançar o programa de bem-estar e qualidade de vida.

- **Considere seu Público-Alvo:**

Como já comentado, considere sempre o público para o qual as ações serão endereçadas. Caracteríscas como idade, sexo, tipo de atividade, nível de escolaridade e renda podem ajudar na decisão sobre quais das ações serão de maior interesse e aceitação. Dessa forma, aumentam-se as chances de maior participação nos programas.

O'Donnell (1995) salienta sobre a necessidade de se buscar na empresa ou contratar conhecimentos específicos de consultorias para participar das diferentes ações a serem oferecidas. O autor lista as ações realizadas nos Estados Unidos para as principais condições de saúde encontradas.

As ações desenvolvidas para condições específicas em saúde podem ser encontradas na tabela a seguir:

Estresse ▪ Atividade física ▪ EAP (Employee Assistance Program) ▪ Revisão das políticas organizacionais ▪ Gestão de estresse ▪ Terapias em grupo e individual ▪ Coaching ▪ Aconselhamento	**Problemas de coluna** ▪ Avaliação e orientação médica e fisioterápica ▪ Atividade física ▪ Cuidados com a coluna ▪ Auditoria ergonômica
Tabagismo ▪ Programa para parar de fumar ▪ Gestão de estresse ▪ Atividade física ▪ Políticas de fumo na empresa	**Doenças cardiovasculares** ▪ Atividade física ▪ Nutrição ▪ Controle de peso
Hipertensão ▪ Avaliação e uso de medicação ▪ Atividade física ▪ Nutrição ▪ Controle de peso	**Lesões e acidentes no trabalho** ▪ Atividade física ▪ Auditoria de segurança no trabalho ▪ Ginástica laboral
Obesidade ▪ Atividade física ▪ Nutrição ▪ Controle de peso	

Tabela 14. Ações de promoção de saúde para condições específicas de saúde (adaptado de *Design of Workplace Health Promotion Programs*, O'Donnell, 1995).

A seguir, a pesquisa internacional (Buck, 2008) que mostra as principais ações estratégicas nas diferentes regiões.

Priori-dade	Estados Unidos	Canadá	Europa	Ásia	África
1	Reduzir os cuidados com a saúde/custos com assistência médica	Aumentar a produtividade/ reduzir o presenteísmo	Aumentar a moral da força de trabalho/ comprome-timento	Reduzir o absenteísmo	Reduzir o absenteísmo
2	Aumentar a produtividade/ reduzir o presenteísmo	Reduzir o absenteísmo	Reduzir o absenteísmo	Promover os fatores organi-zacionais	Aumentar a produtividade/ reduzir o presenteísmo
3	Reduzir o absenteísmo	Reduzir os cuidados com a saúde/custos com assistência médica	Aumentar a produtividade/ reduzir o presenteísmo	Aumentar a produtividade/ reduzir o presenteísmo	Atrair e reter seus funcionários

Tabela 15. Principais objetivos estratégicos para os programas de bem-estar – por região (Buck, 2008).

Como já discutido anteriormente, a saúde, o bem-estar e a qualidade de vida são multidimensionais e, por isso, as intervenções dos programas exigem que essas dimensões sejam contempladas. O desafio é promover o equilíbrio, a harmonia e a integração do indivíduo de forma mais abrangente. A maioria das ações sugeridas em seguida abrange mais que uma única dimensão do bem-estar. Porém, para efeito didático, apresentaremos essas ações por dimensão considerada predominante, como forma de lembrar sobre a necessidade de se incluirem todas as dimensões nos programas de bem-estar e qualidade de vida.

4.2. Modelos de Ações nas Dimensões do Bem-Estar e da Qualidade de Vida

DIMENSÃO FÍSICA

Refere-se às características físicas herdadas ou adquiridas ao longo da vida. São as ações mais frequentemente oferecidas nas organizações. A necessidade da empresa em conter seus custos com a assistência médica faz com que a atenção na promoção da saúde física ainda seja predominante na maioria dos programas.

- **Plano de Assistência Médica e Odontológica:** é oferecida assistência médica, hospitalar, ambulatorial e odontológica mediante plano próprio (autogestão) ou contratado de diferentes formas para os diferentes níveis na empresa, a partir da admissão.
- **Exames Periódicos de Saúde:** são avaliações multidisciplinares anuais e exames realizados pelos profissionais da área de saúde da empresa, com o objetivo de prevenir doenças e promover a saúde de seus funcionários. É realizada uma análise dos riscos de saúde e são propostas medidas preventivas. Frequentemente são realizados em cumprimento a exigências legais e trabalhistas.

Após os exames, os indivíduos passam por uma consulta, na qual são orientados e encaminhados para acompanhamento médico, quando necessário. Essa avaliação poderá ou não ser estendida aos familiares, de acordo com o formato da ação na empresa.

- **Risco Cardíaco:** são ações que abrangem exames complementares para a estratificação de grupos de risco em relação ao desenvolvimento de doenças cardiovasculares. O objetivo é o estabelecimento de estratégias preventivas. Em geral utiliza-se uma ferramenta para determinar o grau de risco. O Framinghan Heart Study é bastante utilizado nos Estados Unidos e também é frequentemente utilizado no Brasil. No entanto, sabe-se que essa curva não foi desenvolvida para a nossa população. Recentemente, a Organização Mudial da Saúde (2007) publicou uma tabela de risco cardiovascular específica para a América Latina que pode ser encontrada no **Anexo J**.

Esse programa geralmente vem associado a outros, como:

- **Acompanhamento de Grupos de Risco:**
  - Hipertensos
  - Diabéticos
  - Obesos
  - Dislipidêmicos
- **Atividade Física:** ações que oferecem grandes benefícios para os funcionários. Uma pessoa bem orientada para a atividade física aumenta os benefícios à sua saúde em geral. Melhora o sono, o tônus muscular, a sensação de bem-estar, reduz o estresse e diminui o risco de doenças cardiovasculares.

A seguir, algumas ações que podem ser oferecidas no que diz respeito à melhoria da prática de atividade física:

- **Palestras sobre atividade física:** podem ser organizadas dentro do cronograma do programa para a sensibilização sobre a necessidade de uma vida ativa **(há algumas sugestões de temas no Anexo S).**
- **Matérias sobre atividade física no site e/ou jornal da empresa:** orientações e artigos de jornais e revistas sobre os benefícios da atividade física e como aprimorar sua prática. Pode-se ainda informar sobre grupos de caminhadas e eventos que estão acontecendo sobre o assunto.
- **Conversa mensal com um profissional de atividade física via internet (chat, web, videoconferência):** esclarecimento sobre os benefícios da atividade física e sobre como, quando e onde praticar. Modelos de treinamentos e orientações de como começar podem

ainda ser discutidos. Os temas da conversa deverão ser elaborados de acordo com as principais necessidades da organização e divulgados com antecedência.

- **Grupos de modalidades esportivas, corrida e/ou caminhada:** formação de times ou grupos de modalidades esportivas por interesse (ciclismo, vôlei, futebol, basquete, natação, corrida, entre outras). Orientação de programação semanal de treinamentos de caminhada ou corrida, de acordo com o objetivo e disponibilidade do indivíduo. A orientação será feita pelos profissionais de educação física e poderá ser por e-mail, telefone, chat ou presencial.
- **Academia na empresa:** disponibiliza-se uma academia com um instrutor dentro do espaço da organização para que os funcionários tenham acesso à atividade física orientada sem ter que sair do ambiente de trabalho. As empresas têm dificuldade de oferecer essa ação, pois o investimento costuma ser elevado e exige um espaço físico disponível no ambiente de trabalho.
- **Descontos em academias ou ajuda no pagamento da academia:** A empresa permite que o indivíduo escolha o local e a atividade física que deseja praticar ou que mais lhe for conveniente e oferece uma ajuda financeira ou faz parceria com a academia para que seu funcionário tenha desconto.
- **Parceria com o SESI:** serviço oferecido às indústrias e em que, a baixo custo, a organização pode ter acesso a atividades relacionadas ao estilo de vida saudável (atividade física, nutrição e bem-estar), ginástica na empresa, centros esportivos e projetos de saúde e segurança no trabalho em muitas cidades brasileiras. O SESI, através do programa LAZER ATIVO, oferece um amplo portfólio de ações em bem-estar (atividade física, lazer, alimentação saudável, gerenciamento do estresse e comportamento preventivo). Veja em www.sesi.org.br.
- **Parceria com o SESC:** é também uma entidade que oferece ao setor do comércio atividades de educação, saúde, lazer, cultura, consciência ecológica e preservação ambiental.
- **Participação da empresa nos eventos do "Agita São Paulo, Agita Mundo":** movimento iniciado em São Paulo, mas já com ações em muitas partes do Brasil e do mundo, que visa a estimular, na comunidade, a promoção da atividade física. Informações em www.agitasp.org.br.

- **Torneios esportivos na empresa:** torneios internos entre os times da empresa e/ou participação em torneios e maratonas externas.
- **Viagem com os funcionários:** viagens com alguns grupos para a realização de trilhas, rapel, canoagem, competições e outros.
- **Ginástica laboral:** geralmente é praticada no próprio local de trabalho, com curta duração (até quinze minutos), e visa a proporcionar ao trabalhador melhor utilização de sua capacidade funcional por meio de exercícios de alongamento e de prevenção de lesões ocupacionais e dinâmicas de recreação. O programa de atividades deve ser desenvolvido após uma avaliação criteriosa do ambiente de trabalho e de cada funcionário em particular, respeitando a realidade da empresa e as condições disponíveis. É bastante utilizado nos setores operacionais da empresa. Essas ações podem ser de três tipos: a ginástica preparatória ou de aquecimento (realizada no início do trabalho), a ginástica compensatória (realizada em pausas durante o trabalho) e a ginástica de relaxamento (realizada ao final da jornada de trabalho). O benefício dessa ação é evitar os desequilíbrios osteomusculares. A ginástica laboral não pode ser vista como uma atividade de combate ao sedentarismo, ou seja, ela não pretende substituir a prática da atividade física regular, embora seja uma atividade que apresente inúmeros benefícios para os indivíduos.
- **Nutrição:** ações que podem ser implantadas com baixo investimento, principalmente se a empresa possui um restaurante em sua sede e tem uma empresa que forneça as refeições. Nesse caso, ela pode estabelecer uma parceria para desenvolver, junto a eles, boas estratégias com o objetivo de oferecer e estimular a alimentação saudável de seus funcionários. São muitos os benefícios, como o controle ou redução da hipertensão, doenças cardiovasculares, obesidade e estresse.

Algumas sugestões de ações que podem ser incorporadas a um programa de nutrição:

- **Café da manhã saudável:** encorajar os funcionários a tomar café da manhã adequadamente. A empresa poderá oferecer aos funcionários um café da manhã no qual as opções oferecidas sejam sempre saudáveis, fazendo com que os colaboradores tenham a energia de que precisam para melhor desempenho.

- **Orientação nutricional no restaurante:** garantir a oferta de um cardápio saudável, elaborado junto à empresa prestadora. Os funcionários precisam ter alternativas para poderem fazer escolhas mais saudáveis em sua alimentação.
- **Oficinas de culinárias:** esses eventos podem ser realizados por nutricionistas da empresa ou em parceria com o SESI, para que os funcionários e familiares possam aprender a cozinhar pratos equilibrados e elaborar cardápios saudáveis. A empresa pode utilizar os recursos de parceria com o programa "Cozinha Brasil".
- **Garrafas de água para os funcionários:** para estimular o aumento da ingestão de água e garantir que todos tenham facilidade no acesso quando precisarem. Outra medida é retirar os refrigerantes das máquinas automáticas espalhadas na empresa e colocar a opção de garrafas de água mineral.
- **Matérias sobre nutrição no site e/ou no jornal da empresa:** orientações para o indivíduo ficar mais bem informado sobre as escolhas alimentares mais balanceadas. Também se podem oferecer receitas práticas, de baixa caloria e saudáveis.
- **Palestras sobre nutrição:** podem ser programadas periodicamente e incluídas no cronograma do programa (algumas sugestões de temas no **Anexo S**).
- **Cursos de culinária:** para funcionários, esposas ou empregadas, apresentando opções de pratos saudáveis.
- **Festivais temáticos no restaurante da empresa:** para estimular as boas escolhas e sensibilizar os funcionários sobre os hábitos alimentares saudáveis, pode-se apresentar o mais saudável das diferentes cozinhas mundiais ou, ainda, alimentação antiestresse, bem como alimentação para reduzir o risco cardíaco, colesterol, diabetes e pressão alta.
- **Sessões de aprendizagem:** podem ser realizadas no restaurante, coffee breaks ou em um espaço específico onde a nutricionista oriente como manter sua alimentação saudável.
- **Conversa mensal com um nutricionista via internet (chat, web, videoconferência):** nessa conversa poderão ser abordados temas como emagrecimento, obesidade etc. Esses temas deverão ser divulgados com antecedência.
- **Troca de máquinas de salgadinhos e chocolates na empresa por alimentos saudáveis:** essas máquinas estimulam o consumo de bis-

coitos e doces, inibindo a ingestão de frutas e alimentos saudáveis. A ideia é procurar a substituição dos salgadinhos por barrinhas de cereais etc.

- **Oferta de frutas, sanduíches naturais e barras de cereais:** isso ocorreria no período entre o café da manhã e o almoço e entre o almoço e o jantar, como forma de estimular o hábito de alimentar-se cinco vezes ao dia.
- **Pergunte ao especialista:** seria um canal onde os funcionários pudessem tirar suas dúvidas via telefone, e-mail ou chat criado para esse fim. Pode-se ainda incluir uma consulta personalizada, à distância, com um nutricionista que passará a orientação para que o indivíduo alcance seus objetivos individuais (perder peso, diminuir o nível de colesterol, glicose ou pressão alta).
- **Gupo de controle de peso:** são grupos de orientação nutricional onde as pessoas trocam receitas e encontram todo tipo de apoio para manter ou perder peso. Podem ser desenvolvidos no espaço da empresa ou em outros locais, em parceria com associações como Vigilantes do Peso ou com a equipe médica da organização.
- **Saúde e segurança no trabalho:** visam proteger a integridade física dos trabalhadores no local de trabalho. Os programas de prevenção de incidentes e os treinamentos de segurança estão inclusos nessa ação.

Algumas dessas ações são exigências da legislação e é essencial que ocorram na organização. O tema segurança do funcionário e dos visitantes merece toda a atenção da empresa, que deve ter como objetivo não apenas cumprir as exigências legais, mas realmente proteger a todos no espaço interno da organização. Dentro do tema segurança, devem estar inclusas ações como:

- Programa de Controle dos Riscos no Trabalho (PCR).
- Equipamentos de Proteção Individual (EPI).
- Programa de Proteção Respiratória (PPR).
- Programa de Controle Médico e Saúde Ocupacional (PCSMO).
- Reuniões de CIPA e SIPAT.
- Manual do visitante.
- Programa contra Acidentes Domésticos.
- Programa de Combate aos Comportamentos de Risco (abuso do álcool, sexo seguro, direção segura, higiene pessoal, entre outros).

- Políticas de segurança das informações.
- Criação de um manual com orientações sobre acidentes domésticos.

A realização e o sucesso dessas ações dependem de:

- Planejar e projetar obras e reformas decorrentes da adoção de medidas de segurança.
- Criar, orientar e fazer cumprir normas de segurança no trabalho.
- Especificar, controlar e fiscalizar a utilização de equipamentos de segurança e proteção individual.
- Orientar e educar sobre saúde, promovendo cursos, treinamentos e palestras (**Anexo S**) sobre segurança e medicina do trabalho.

- **Ergonomia** – os programas de ergonomia têm como objetivo identificar, monitorar e modificar as situações que ofereçam comprometimento à saúde e qualidade de vida no trabalho. Sua forma de implantação varia de acordo com as necessidades, interesses e possibilidades de cada organização. Em alguns casos, esse programa envolve a troca de todo o mobiliário da empresa, o que faz com que seja necessário um investimento muito alto.

Segundo Guimarães (2003), a implantação de um programa de ergonomia deve sempre considerar os seguintes aspectos:

- **Aspectos ambientais:** ruído, vibrações, temperatura, iluminação e aerodispersoides.
- **Aspectos biomecânicos:** interface do homem com a máquina (força, postura) e as questões fisiológicas (esforço físico, higiene.
- **Aspectos cognitivos:** demanda mental de processamento de informação, memória, atenção e tomada de decisão imposta na tarefa.
- **Aspectos da organização do trabalho:** conteúdo do trabalho e sua forma de gestão, como o ritmo, a forma de execução e as relações de poder.

As ações em ergonomia podem incluir:

- Criação do comitê de ergonomia.
- Análise e blitz nos postos de trabalho.
- Palestras de orientação (**Anexo U**).

- **Sessões de fisioterapia:** a empresa oferece avaliação e tratamento de distúrbios ou lesões decorrentes das atividades do trabalho. As sessões de fisioterapia podem se dar no serviço médico da organização para os funcionários que relatam desconforto osteomuscular.
- **Massagem no trabalho:** fisioterapeutas ou massoterapeutas oferecem sessões de massagem nos postos de trabalho ou em lugar específico para a atividade. O objetivo é promover relaxamento e bem-estar aos funcionários. A massagem tem duração de pelo menos dez minutos e utiliza técnicas e instrumentos variados, adequados à situação e função do indivíduo.
- **Campanhas de vacinação:** são vacinações diversas (gripe, rubéola, antitetânica, sarampo, caxumba, hepatite B) oferecidas e realizadas dentro da empresa. Elas podem ou não ter custo para o funcionário e podem ser estendidas aos familiares, também sem custo ou com custo baixo, dependendo do modelo criado pela organização.
- **Programa pré-natal:** os exames de pré-natais e todo o acompanhamento da gravidez são oferecidos para as funcionárias gestantes. Podem ser também oferecidos para esposas de funcionários.

DIMENSÃO EMOCIONAL

Refere-se aos afetos e emoções, ao comportamento pessoal e à personalidade do indivíduo. As ações ligadas à saúde emocional são ainda pouco oferecidas nas organizações devido à complexidade que o tema oferece, porém existe a necessidade crescente de uma maior atenção nessa dimensão, uma vez que a depressão, o estresse e a ansiedade estão entre as maiores causas de afastamento do trabalho. As pessoas precisam estar aptas para realizar suas habilidades e poder lidar com o estresse normal da vida, de forma a poder contribuir produtivamente com a empresa e sua comunidade.

As ações nessa dimensão podem incluir:

- **Palestras informativas sobre saúde emocional:** abordagem de temas mais comuns como ansiedade e depressão, com orientações para os funcionários de como proceder nessas situações (**Anexo S**).
- **Coaching:** um processo de treinamento no qual experiências e atividades engajam e motivam os indivíduos para utilizar estratégias e métodos que levam a mudanças de comportamentos. Há vários tipos de

coaching dependendo da proposta ou necessidade do indivíduo: coaching executivo, de negócios, de vida e esportivo. O coaching de bem-estar é o treinamento de indivíduos para melhorar a condição de saúde e a qualidade de vida e reduzir os riscos para a saúde. As quatro principais modalidades de coaching, que estão surgindo nas empresas e na saúde suplementar, são: treinamento face a face (o coach – ou treinador – e o participante estão no mesmo local físico); treinamento por telefone (o coach e o participante estão em locais diferentes e se comunicam, primeiro, por telefone e possivelmente por e-mails); treinameto por e-mails (o coach é um programa de computador e o participante se comunica pelo computador); treinamento por um híbrido de coach e de computador (é feito de forma assíncrona e não no mesmo ponto do tempo; enquanto as outras modalidades ocorrem de forma sincrônica, ao mesmo momento no tempo). A terceira modalidade mencionada está em rápido desenvolvimento e provavelmente usará em sua operação inteligência artificial, sistemas de autoaprendizado e lógica de perguntas.
- **Gestão de estresse:** os programas de gestão pretendem fortalecer e dar ferramentas para que o indivíduo e/ou organização possam gerenciar melhor os fatores de estresse existentes. Esses programas devem começar com a identificação das fontes de estresse dos funcionários. Isso implica uma avaliação diagnóstica para um melhor planejamento e implementação das ações.

O estresse é um problema individual e organizacional e, por isso, o programa de gerenciamento deve passar por dois tipos de abordagem:

- **Treinamento de gestão individual do estresse:** esse treinamento se propõe a instrumentalizar as pessoas para a consciência e reconhecimento dos fatores individuais de estresse, além de oferecer técnicas de enfrentamento.

  O treinamento inclui:

  - Gerenciamento de tempo
  - Habilidades sociais
  - Técnicas de relaxamento
  - Ferramentas cognitivas para o enfrentamento
  - Programas de autoeficácia e autoconhecimento

- **Mudanças de processos organizacionais:** dois modelos conceituais são frequentemente utilizados quando se pensa em intervenções organizacionais. O modelo que se refere às características da função (Hackman & Oldham, 1976) e o modelo de controle da demanda (Karesek, 1979).

As estratégias para a abordagem da gestão de estresse organizacional podem incluir:

- Reavaliação das tarefas
- Horário flexível
- Banco de horas
- Gestão participativa
- Desenvolvimento de carreira
- Coesão do grupo de trabalho
- Políticas de reconhecimento
- Autonomia
- Suporte
- *Feedback*

- **Assistência psicossocial:** esses programas, muito conhecidos como "EAPs (Employee Assistance Programs)", oferecem apoio ao funcionário e seus familiares. O programa foca no aconselhamento e suporte aos empregados que estão passando por dificuldades pessoais. A ideia é a de preservar e restabelecer o equilíbrio emocional do funcionário e de sua família, além de prevenir o aparecimento ou agravamento de doenças emocionais, problemas financeiros ou jurídicos, por meio da busca precoce por ajuda. Em algumas sessões, um profissional pode aliviar, resolver ou ainda encaminhar para assistência especializada se necessário. Essa assistência pode ser financeira, jurídica e/ou psicológica. O programa também auxilia na rápida reintegração do profissional às suas funções. O EAP oferece dois serviços básicos: (1) aconselhamento aos empregados sobre questões pessoais, garantindo sigilo e privacidade e orientação especializada; (2) consultoria para a área de recursos humanos da companhia sobre questões que podem afetar a performance dos empregados. Nesse contexto, o EAP visa auxiliar a empresa a manter a força de trabalho, atuando de maneira efetiva, ajudando a resolver problemas pessoais que podem afetar a produtividade. Esses programas podem atuar sinergicamente com atividades da empresa relacionadas à dependência química, depressão, estresse e suporte social. De acordo com Levitt (1994), o aconselhamento de EAP tem os seguintes passos: (1) atendimento e avaliação; (2) aconselhamento motivacional; (3) solução de problemas imediatos; (4) tratamento/acompanhamento do caso; (5) retorno ao trabalho; e (6) acompanhamento.

- **Tratamento psiquiátrico:** a empresa oferece esse tipo de tratamento, que pode incluir internação e medicação, quando necessário, além de psicoterapia.
- **Psicoterapia individual ou em grupo:** esse tipo de tratamento está cada vez mais sendo oferecido pelos planos de saúde e pelas empresas. Esse benefício pode ser só para os funcionários ou extensivo aos seus familiares. Em algumas situações, o funcionário poderá contribuir com um percentual do valor do tratamento, principalmente no caso de tratamentos de longa duração.
- **Dependência química:** a importância do problema para o ambiente de trabalho justifica as intervenções nesta área pela organização. Para um ambiente livre de drogas deve-se implementar primeiramente políticas internas para que se esclareça a todos como a empresa trabalhará com a questão. Obviamente, deve-se ter todo o cuidado com as implicações legais.
- **Tabagismo:** as organizações podem promover programas de suporte para parar de fumar e oferecer recursos necessários para aqueles que decidirem entrar no processo do tratamento. O objetivo é evitar agravos à saúde devido ao fumo. Esses programas podem ocorrer na empresa ou fora dela. Comumente se iniciam com uma avaliação médica e psicológica e são formatados de maneira bem variada. Os medicamentos e o custo do programa podem ser oferecidos pela empresa ou compartilhados com o funcionário. Políticas em relação ao fumo nas dependências da organização devem estar inclusas nesse programa. Sugere-se a utilização de práticas cientificamente comprovadas, como as propostas no Consenso e Tratamento do Fumante, do Ministério da Saúde (disponível em http://www.inca.gov.br/tabagismo/publicacoes/tratamento_consenso.pdf). A abordagem inicial pode ser feita por qualquer profissional treinado e consiste

em perguntar, avaliar, aconselhar, preparar e acompanhar (PAAPA). Há muitos recursos de comunicação e orientações no website do Instituto Nacional do Câncer (www.inca.gov.br).

- **Álcool e drogas:** os programas de combate ao álcool e às drogas são iniciativas direcionadas para educar, informar e capacitar os funcionários e, algumas vezes, familiares, para o tratamento de dependentes. Dessa maneira, os programas de tabagismo podem ser elaborados de forma específica para cada empresa. Os programas incluem políticas para o desenvolvimento de estratégias de prevenção, tratamento, recuperação e reinserção social. Essas políticas devem estar ajustadas com a Política Nacional Antidrogas (PNAD).

DIMENSÃO SOCIAL

Atribui-se à dimensão social da saúde aquela em que se trabalha com os diferentes papéis sociais exercidos pelo indivíduo. As ações visam envolver os funcionários nas diversas atividades de interação em suas tarefas e em seu cotidiano, para que eles possam desenvolver uma postura positiva e construtiva diante de si, dos outros e do meio onde convivem. O equilíbrio adequado com os papéis e normas sociais demanda a observação de importantes aspectos: integração social, suporte, relações interpessoais, desenvolvimento e respeito ao ambiente. Assim ele pode sentir-se bem e participante em suas relações, profissão, comunidade e meio ambiente.

A seguir, algumas sugestões de ações nessa dimensão:

- **Programas de desenvolvimento profissional:** são programas de capacitação que visam aprimorar as competências individuais no exercício de suas funções, aliando metas e estratégias organizacionais às necessidades de desenvolvimento dos funcionários.
- **Orientação financeira:** orientar os participantes para as questões econômicas e para a necessidade de se desenvolver um planejamento financeiro, visando a melhor utilização dos recursos econômicos individuais.
- **Sessão de cinema:** sessões de cinema são oferecidas no auditório da empresa. As sessões podem ocorrer para os funcionários, mas também para os filhos e seus familiares.
- **Família na empresa:** a empresa abre as portas para visitas de familiares, permitindo que conheçam suas diversas áreas e departamentos.

- **Passeios culturais:** a empresa promove passeios para os funcionários e dependentes, visitas a exposições, museus, zoológico, entre outros.
- **Aulas culturais:** a empresa patrocina aulas de diversas modalidades culturais, como violão, dança, teatro, canto, desenho e pintura.
- **Oficinas de artesanato:** os participantes recebem um kit com material e apostila. Além disso, recebem orientação de como produzir peças de artesanatos. São oficinas de bijuterias, pintura, tear, arranjos florais, materiais recicláveis, lãs e outros.
- **Estímulo à leitura:** pode-se oferecer livros como incentivos à participação nas ações, criar uma biblioteca na empresa, promover o "Clube do Livro", atividade em que os participantes leem o livro e debatem entre eles com a orientação de um facilitador.
- **Preparação para a aposentadoria (PPA):** visa oferecer apoio e suporte para os colaboradores em vias de se aposentar. Constitui-se num programa cada vez mais adotado nas empresas brasileiras e que oferecem alternativas variadas, tais como empreendedorismo, cuidado com a saúde, relacionamentos, planejamento financeiro e voluntariado.
- **Comemorações de datas especiais:**
  - Dia internacional da mulher
  - Dia mundial contra o tabaco
  - Aniversariantes do mês
  - Dia das mães
  - Dia dos pais
  - Dia das crianças
  - Dia do trabalhador
  - Dia do livro
  - Festa de Natal
  - *Happy Hour*
  - Almoço em família
  - Baile de Carnaval
  - Páscoa
- **Programa de relações interpessoais:** visa aumentar a integração entre os funcionários e promover o relacionamento saudável, por meio do aprimoramento da qualidade da interação, tão importante para um ambiente de cordialidade, confiança e respeito.
- **Responsabilidade social:** projetos direcionados para desenvolver ações que beneficiem a comunidade, desenvolvendo o espírito de comprometimento social e voluntariado de seus funcionários.

Algumas ações de conscientização ambiental podem oferecer aos participantes educação ambiental, demonstrando a necessidade de utilização consciente dos recursos naturais, para a sustentabilidade do planeta. Nesse sentido, são realizadas atividades como:

- Coleta e comercialização de reciclados.
- Descarte de lâmpadas fluorescentes, pilhas e baterias.
- Utilização de material reciclado.
- Coleta seletiva de lixo.
- Campanhas de uso consciente de água e energia.
- Visitação a parques ecológicos.
- Vídeos de sensibilização para o consumo consciente.
- Trilhas em áreas recuperadas.
- Trilhas em áreas de preservação.
- **Incentivo ao voluntariado:** o funcionário é estimulado e liberado por algumas horas de seu período de trabalho para se dedicar ao trabalho voluntário.
- **Parcerias em projetos comunitários:** recursos para implantação de projetos nas áreas de saúde, educação, segurança, esportes e meio ambiente.
- **Cultura de suporte:** ações que trabalham os elementos da cultura da organização e que devem fazer parte dos programas de bem-estar e qualidade de vida. Mudanças duradouras de estilo de vida só serão alcançadas mediante a aprendizagem adquirida pela cultura. Esse programa atende igualmente à dimensão social.

São cinco os elementos que devem ser abordados dentro do trabalho de cultura organizacional para mudança de estilo de vida:

- **Valores:** crenças sobre forma apropriada de viver.
- **Normas:** comportamentos esperados das pessoas.
- **Suporte organizacional:** estruturas formais e informais, políticas e procedimentos que mantêm a cultura da empresa.
- **Suporte entre os pares:** apoio da família, amigos, colegas de trabalho e supervisores imediatos.
- **Clima organizacional:** o clima envolve três fatores: senso de comunidade, visão compartilhada e postura positiva. Esses fatores habilitam para uma mudança construtiva individual e coletiva (Allen, 2002).

No **Anexo T**, encontra-se o instrumento de avaliação de cultura organizacional relacionado ao bem-estar (Lifegain) desenvolvido pelo psicólogo norte-americano Judd Allen.

DIMENSÃO ESPIRITUAL

Trabalhar nesta dimensão implica trabalhar a integralidade da pessoa. Essa tão importante dimensão humana tem sido ainda pouco abordada nos programas de bem-estar e qualidade de vida das organizações. É preciso desenvolver ações que contemplem aspectos relacionados à ética, valores, consciência, desenvolvimento pessoal, compaixão, transcendência, perdão e empoderamento, que dão a visão e o significado da vida para o indivíduo.

Algumas ações para se trabalhar a dimensão espiritual:

- **Técnicas de meditação, ioga e tai chi:** ações como essas promovem a quietude da mente, para que se possa ver com mais clareza. Relaxar o corpo e o espírito é importante para renovar, recarregar as energias pessoais e manter a coerência pessoal. Essas ações atendem também à dimensão emocional.
- **Manual do código de conduta:** ação de desenvolver um "Código de Conduta Ética da Empresa", onde se descrevem os princípios da conduta esperada e que deve ser seguida por seus funcionários. O objetivo é orientar as atitudes para um compromisso compartilhado e de conhecimento de todos.
- **Ouvidoria:** linha ou um número de telefone disponível para o funcionário e terceiros terem a oportunidade de fazer denúncias quando entenderem que uma atitude antiética foi tomada. Questões de abuso de poder, agressão ao meio ambiente, assédio moral, assédio sexual, conflito de interesses, corrupção, crime, desrespeito, discriminação, drogas, informação falsa, uso indevido de ativos da empresa, medicina e segurança do trabalho, trabalho infantil e roubos, que desrespeitam o código de conduta, podem ser denunciadas anonimamente, via telefone.

BENEFÍCIOS E FACILIDADES PARA O BEM-ESTAR

São ofertas de serviços que a empresa pode oferecer dentro da organização ou facilitar o acesso por meio de convênios de descontos com prestadores.

Alguns dos serviços que podem ser oferecidos:

- Postos de agência bancária
- Correio
- Lavanderia

- Floricultura
- Manicure
- Cabelereiro
- Descontos em:
    - Academias de ginástica
    - Postos de gasolina
    - Oficinas mecânicas
    - Óticas
    - Agências de turismo
    - Parques de diversões
    - Lava rápido
    - Livrarias e papelarias
    - Lojas de material esportivo
    - Exposições
    - Cinemas
    - Teatros

No **Anexo U** você encontra sugestões adicionais de algumas atividades que devem ser consideradas, devido ao fato de serem de baixo custo para a organizacão e poderem ser oferecidas em programas de qualidade de vida. São sugestões que, quando bem planejadas, podem trazer bons impactos para o ambiente organizacional.

4.3. O Calendário do Programa e Cronograma Anual

O calendário é uma ferramenta do planejamento que ajuda no desenvolvimento e implementação do programa, servindo de guia para os profissionais responsáveis pelas atividades e para os funcionários. Ele torna-se fundamental para equilibrar o número de ações oferecidas nas diferentes dimensões do bem-estar num período de tempo determinado.

Todo bom planejamento tem um cronograma gráfico com as tarefas a serem cumpridas relacionadas. É imprescindível a organização do tempo que será utilizado para a realização das ações do programa de qualidade de vida e bem-estar.

Uma vez estabelecidas as atividades que serão desenvolvidas, um cronograma será de grande ajuda para o gerenciamento e controle do bom andamento das ações, permitindo a visualização das tarefas em direção aos objetivos estabelecidos.

A chave de um bom programa é quando todas as ações estão de forma integrada, atendendo às necessidades prioritárias da empresa. É importante pensar primeiro nas ações que possam promover maior impacto na empresa, tanto econômico como de mudança de estilo de vida.

No **Anexo V** pode-se visualizar um exemplo de elaboração de um cronograma.

O lançamento do programa deve ser marcado como um evento especial. Sugerem-se também dois ou três eventos especiais durante o ano que devem objetivar aumentar a motivação para a adesão nos programas, melhorar o nível de informação dos funcionários, integrar e divertir os participantes. É interessante incorporar algumas datas de comemoração nacional ou mundial no calendário interno.

Nos meses de maior volume de trabalho, como fechamento de metas ou preparação de orçamentos, as pessoas estão muito sobrecarregadas e, portanto, é interessante que, nessas épocas, sejam oferecidas apenas ações de curta duração, principalmente focando o estresse. É preciso um conjunto de ações integradas para alcançar os resultados esperados. Muitas vezes torna-se necessário buscar parcerias com as diferentes áreas da organização, como demonstrado na tabela a seguir:

Figura 5. Áreas em que se pode buscar parcerias para a implementação de ações integradas.

5. QUARTA ETAPA: AVALIAÇÃO DE RESULTADOS

Os programas de qualidade de vida no Brasil nem sempre tiveram a preocupação em mensurar os resultados das ações que foram sendo oferecidas ao longo do processo de implementação. Muitos gestores de programas desconsideraram a importância da tarefa de avaliar, uma vez que os resultados das ações nem sempre lhe eram cobrados. Muitos fazem apenas pesquisa de satisfação e/ou avaliam a participação nas ações.

5.1. Importância da Avaliação

Sem a mensuração por meio de outros indicadores confiáveis, não se podem entender ou demonstrar os reais resultados alcançados e, assim, aperfeiçoar as ações para que estas ofereçam maior impacto na saúde e bem-estar dos funcionários.

Como já comentado, a avaliação dos resultados busca oferecer subsídios para quem deve tomar decisões, oferecendo informações sobre o impacto das ações realizadas. Os parâmetros a serem avaliados devem ser determinados durante a fase de planejamento e são fundamentais para qualquer orientação sobre os rumos do programa. É preciso encontrar indicadores confiáveis que meçam as mudanças e melhorias de saúde e produtividade após cada ação do programa.

Consideramos fundamental a distinção entre o impacto das ações e os resultados do programa. Anspaugh (2006) define o impacto como o termo usado para denotar os efeitos imediatos ou de curto prazo das ações e o resultado como o efeito final desejado. Por exemplo, em um programa de prevenção do câncer de mama, inicialmente, realizam-se atividades educativas e são oferecidas oportunidades de rastreamento por mamografias. O impacto pode ser avaliado pela avaliação do conhecimento das mulheres sobre a questão ou a participação nos exames. No entanto, o resultado do programa será a incidência, prevalência ou mortalidade por câncer de mama, ou mesmo a redução no absenteísmo ou custos de assistência médica por essa patologia.

Chenoweth (2002) propõe que a avaliação dos dados seja de várias perspectivas:

1. **Analisando a evolução** – observar se o programa está caminhando na direção certa e atingindo os seus objetivos (previamente estabelecidos).
2. **Comparando diferentes programas** – os dados obtidos podem ser comparados com os de organizações semelhantes para determinar se o programa está sendo efetivo.

3. **Revendo se os objetivos de apoiadores ou financiadores estão sendo atingidos** – nesses casos, ao se receberem patrocínios, estabelecem-se metas que podem ser avaliadas periodicamente para definir se o aporte financeiro será mantido, aumentado ou suspenso.
4. **Determinar o resultado ao final do programa** – quando o programa oficialmente atinge o seu final, realiza-se uma avaliação para analisar se os resultados atingiram a sua meta.
5. **Informar comitês ou coordenadores sobre o programa** – oferecer *feedback* sistemático dos resultados para os gestores, para a equipe de profissionais e para os participantes dos programas.

As avaliações bem realizadas permitem demonstrar a capacidade dos gestores de programas de qualidade de vida de conduzir projetos bem elaborados. Nesses casos, propicia-se o reconhecimento da competência técnica da equipe que consegue avaliar os resultados utilizando os melhores parâmetros técnicos e aumentando a visibilidade do programa.

1. Medir a evolução e os resultados das ações do programa
2. Identificar os procedimentos e atividades mais efetivos e o processo de mudança por meio do índice de participação nas ações, satisfação dos usuários, indicadores de estilo de vida, mudança de comportamento, número de fatores de risco para doenças crônicas
3. Comparar com outros programas – *benchmark*
4. Demonstrar a competência e o valor do programa para a alta administração
5. Assegurar o aporte financeiro
6. Aumentar a base de conhecimento na área
7. Aumentar a visibilidade da empresa, do programa, dos produtos

Tabela 16. Razões mais comuns para avaliar os programas de qualidade de vida.

Os gestores podem considerar ideal a avaliação que mensuraria:

1. Impacto nos objetivos da organização (custo de assistência médica, produtividade, imagem).
2. Impacto nos objetivos de saúde (indicadores de saúde, estilo de vida, participação).
3. Efetividade do programa (implementação, orçamento, efetividade relativa).

No entanto, muitas vezes, a avaliação completa envolve especialistas, instituições acadêmicas ou consultores capacitados. Considerando-se um cenário realista, podemos avaliar:

1. Participação nos eventos e atividades.
2. Indicadores do exame periódico de saúde, pesquisas de estilo de vida e *check-ups*.
3. Pesquisa de práticas, necessidades, interesses e atitudes.
4. Avaliação pré e pós-intervenção para cada programa.
5. Avaliação mais detalhada de programas especiais.

Os passos para realizar a avaliação incluem:

1. Deixar claros os objetivos da avaliação.
2. Determinar o escopo e o foco (o que, com que duração, com que intensidade).
3. Identificar os recursos exigidos – expertise, tempo, orçamento.
4. Desenvolver o plano – desenho, medidas de mensuração, protocolos, amostras, estatística, relatórios.

McKenzie e Smeltzer (2001) salientam os principais problemas na condução da avaliação:

1. **Expertise** – os principais dirigentes não conhecem os problemas relacionados à avaliação, os gestores do programa não têm conhecimentos suficientes para uma avaliação técnica ou os avaliadores não conhecem bem os programas de qualidade de vida
2. **Operacionais** – pouco acesso aos dados, dificuldade na avaliação dos dados disponíveis ou o gestor não previu a avaliação no planejamento.
3. **Custos** – especialistas caros; testes precisos exigem processos de custo elevado. A avaliação não deve custar mais do que 5 a 10% do orçamento do programa. No entanto, procedimentos adequados tomam tempo e elevam custos financeiros.
4. **Medidas** – ausência de boas medidas ou dificuldade para validar os dados. Às vezes, as mudanças ocorrem lentamente, e há dificuldades na avaliação. Pode haver dificuldades na distinção das causas e efeitos. É difícil avaliar programas de diversos níveis e intervenções.

5.2. Avaliação de Aspectos Gerais

Participação – indicador mais básico. Deve envolver não somente a frequência aos eventos e atividades, mas também identificar se as pessoas que pertencem ao grupo-alvo estão envolvidas. Sabe-se que o retorno do investimento atinge níveis apreciáveis a partir da participação de, ao menos, metade das pessoas com fatores de risco nas ações. Além disso, é importante mensurar a fidelidade do público às ações do programa. Caso a aceitação não seja boa, após as primeiras atividades, as pessoas não retornarão.

Satisfação – oferecer oportunidades para que os participantes relatem com sinceridade sua percepção sobre as ações do programa é bastante importante. Em geral, o feedback é mais proveitoso quando é realizado de maneira anônima. O índice de satisfação pode ser apurado através de questionários aplicados logo após os eventos, utilizando-se de impressos ou através da intranet ou e-mail.

5.3. Avaliação de Qualidade de Vida

Avaliar a percepção de qualidade de vida, utilizando questionários padronizados ou mediante perguntas diretas, pode ser um bom indicador de acompanhamento dos programas. Alguns instrumentos genéricos de qualidade de vida podem ser utilizados, como o WHOQOL (proposto pela Organização Mundial da Saúde) ou o SF-36. No entanto, devemos ressaltar que esses questionários não foram concebidos para ser aplicados em programas de qualidade de vida nas empresas e podem não ser os mais adequados em determinadas situações.

Além disso, devemos evitar a utilização de questionários em outras línguas que foram apenas traduzidos para o português. Isso porque a adaptação desses instrumentos exige a utilização de técnica adequada que envolva tradução, adaptação cultural e realização de testes e avaliações psicométricas e de validade que somente podem ser feitas por profissionais especializados. Muitos desses instrumentos somente podem ser utilizados com autorização expressa de seus autores. Alguns desses questionários importantes foram traduzidos, adaptados e validados para o português:

- **Índice de Qualidade de Vida de Ferrans e Powers** – foi desenvolvido por Carol Ferrans e Marjorie Powers em 1984, traduzido e validado para o português por Miako Kimura, da Escola de Enfermagem da USP. Esse instrumento avalia a satisfação e a percepção individual relacionada a cinco domínios (saúde geral, funcional, psicológico e espiritual, social e econômica e familiar). Não pode ser utilizado comercialmente e o seu uso para pesquisa deve ser autorizado pelas autoras através do website http://www.uic.edu/orgs/qli/.
- **Índice de Kertesz e Kerman** – instrumento genérico que avalia os domínios biológico, psicológico e social. Inicialmente publicado em 1985, utiliza o diagrama denominado hexágono vital, que inclui os hábitos alimentares, atividade física, sono/repouso, bem-estar pessoal, lazer/diversão, inserção social e ocupação principal. Foi traduzido e validado por Maria Aparecida da Cruz Constantino, em tese de doutorado apresentada à USP em 2007 (http://www.teses.usp.br/teses/disponiveis/89/89131/tde-13052008-154058/).
- **Índice de Qualidade de Vida da Organização Mundial da Saúde (WHOQOL)** – instrumento genérico desenvolvido com caráter multicêntrico, respeitando os aspectos da subjetividade, multidimensionalidade, presença de dimensões positivas (por exemplo, mobilidade) e negativas (por exemplo, dor). Foi traduzido, adaptado e validado por Marcelo Fleck, da Universidade Federal do Rio Grande do Sul. Possui versões resumidas (*bref*), para o idoso (*old*), para avaliar a espiritualidade (*spirituality*).
- **Medical Outcomes – Short-Form Health Survey (SF-36)** – é um instrumento de avaliação genérica de saúde, originalmente criado na língua inglesa, constituído por 36 questões e mais uma questão comparativa entre a saúde atual e a de um ano atrás, que abrangem oito componentes: capacidade funcional, aspectos físicos, dor, estado geral da saúde, vitalidade, aspectos sociais, aspectos emocionais e saúde mental. O instrumento foi traduzido, adaptado e validado por Rozana Ciconelli, da Universidade Federal de São Paulo, e tem sido utilizado em várias pesquisas em nosso país. Seu uso deve ser autorizado pelos autores através do website www.sf36.org.
- **Qualidade de Vida Profissional 35** – foi desenvolvido por Cabezas-Peña (1999), traduzido e validado por Liliana Guimarães, do Laboratório de Saúde Mental da UNICAMP. Permite uma percepção multidimensional do trabalhador, utilizando uma escala de Likert (0 a 10) e

analisando oito dimensões: desconforto relacionado ao trabalho, apoio organizacional, carga de trabalho, recursos relacionados ao trabalho, apoio social, motivação intrínseca, capacitação para o trabalho e percepção sobre a qualidade de vida no trabalho.

- **Ciclo de Gestão** – o processo de gestão deve ser constantemente aprimorado, com a inclusão de ferramentas, objetivando o aperfeiçoamento de resultados e alinhando-os à estratégia da organização. Assim, o programa se consolida, se torna sustentável e inicia um ciclo de constante renovação e aprimoramento de suas práticas e ações. Na Figura 6, os autores apresentam um modelo de aprimoramento do processo de gestão.

Figura 6. Aprimoramento do processo de gestão.

Fonte: Modelo revisto e adaptado de Chapman, 2005, World Economic Forum Reports (*Moving Toward Wellness*), 2007, e do Ciclo de Gestão (Grupo de Indicadores – ABQV), 2009.

Conclui Chenonoweth (2002) que a crescente preocupação das empresas com os custos faz com que a avaliação seja cada vez mais importante. Ela deve ser bem elaborada para fornecer aos gestores dos programas resultados que determinem a efetividade das ações, bem como seus custos e benefícios. A avaliação deve determinar como um programa pode ser aprimorado, com comparação de custos e benefícios. As conclusões devem ser organizadas em (1) processo, (2) impacto e (3) resultado, com uma apresentação cronológica e revisões periódicas.

Além da avaliação interna por instrumentos e metodologias, as organizações mundiais e as brasileiras têm procurado, cada vez mais, conseguir reconhecimento externo de seu programa de qualidade de vida por meio de certificações. No Brasil, merece destaque o Prêmio Nacional de Qualidade de Vida (PNQV) concedido pela Associação Brasileira de Qualidade de Vida (ABQV), que vem apoiando, divulgando e reconhecendo boas práticas que beneficiem o bem-estar no trabalho. O interesse das empresas deve-se ao fato de que o reconhecimento fortalece as ações internamente e estimula novos investimentos, dando visibilidade aos trabalhos e ações desenvolvidas.

PARTE III

Tendências, Perspectivas e Conclusões

Cada vez mais as organizações estão preocupadas com a manutenção da saúde e do bem-estar de sua força de trabalho. Realizam ações e atividades que envolvem palestras, feiras de saúde, workshops e eventos comemorativos. No entanto, os gestores deverão estar capacitados a gerenciar programas mais bem elaborados, alinhados com a estratégia das organizações, comprovar os resultados financeiros das ações e em sinergia com as diversas áreas. Desse modo, será impositivo, cada vez mais, que se busque capacitação, atualização e intercâmbio, pois as modificações e avanços são cada vez mais frequentes, com o surgimento de novas tecnologias e abordagens em várias partes do mundo.

A capacitação dos profissionais é fator fundamental a fim de que possam estar preparados para as grandes mudanças sociais e econômicas que ocorrem rapidamente em nossa sociedade. Há um campo de pesquisa e trabalho enorme, mas que exigirá ações e programas cada vez mais eficazes e efetivos.

Destacamos alguns tópicos que revelam tendências para os programas de qualidade de vida:

1. ABORDAGEM INTEGRADA E EFICIENTE

Os programas deixarão de ser direcionados para um ou mais fatores de risco (como hipertensão ou colesterol), ampliando seu impacto potencial. Eles passarão a ser planejados para oferecer ações durante todo o ano, e não somente por um período ou mês. Além disso, buscarão maior nível de participação, com a utilização de estratégias de comunicação que atinjam a maioria dos trabalhadores. Deverão buscar, ainda, os participantes em todos os locais que atuam, e não somente na sede da organização, abrangendo segmentos como a força de venda e apoio administrativo. Deverão incluir todos os trabalhadores, inclusive os terceirizados.

Cada vez mais os programas terão caráter multidisciplinar e buscarão atuar em times com sinergia de capacidades e talentos.

Novos tópicos como meio ambiente, sustentabilidade, envelhecimento, espiritualidade e felicidade têm sido abordados e devem fazer parte do portfolio dos programas de qualidade de vida.

A abordagem deve ser integrada, incluindo as diversas áreas envolvidas, como saúde ocupacional, recursos humanos, comunicação, gestão de benefícios, treinamento e responsabilidade social. Os programas deverão usar as ferramentas de gestão utilizadas pela organização, como Balance Scorecard (BSC) e Seis Sigma ou outros programas disponíveis no mercado. No Brasil, ainda há grande dificuldade para a integração das informações dos diferentes atores do processo, como planos de saúde, consultorias, saúde ocupacional e recursos humanos. Dados de sinistralidade, ausências ao trabalho, clima organizacional e problemas ocupacionais frequentemente são analisados de maneira independente. Os sistemas administrados de forma paralela e sem sinergia geram, com frequência, retrabalho, superposição de ação e impossibilidade de decisões estratégias.

Além disso, é necessária uma mudança transformadora e não superficial para criar uma organização saudável. As organizações deverão transformar a saúde e o bem-estar do status de política ou programa para o centro da gestão do negócio. Uma organização saudável é aquela em que a cultura, o clima e as práticas criam um ambiente que promove a saúde do empregado e a segurança como parâmetros de efetividade organizacional. Dentre as características principais para uma organização saudável, está o envolvimento com os valores da companhia, um clima em que os empregados se sintam valorizados e sejam capazes de resolver conflitos na equipe e que propicie práticas de gestão que reconheçam os trabalhadores pela qualidade do seu trabalho, com chefias que ofereçam suporte e uma liderança que leve à melhoria da qualidade de vida e ao melhor desempenho econômico (Tamara, 2006).

Resumindo, Chapman (2006) apresenta os critérios para que a infraestrutura de um programa seja considerada sustentável:

1. Nível aceitável de efetividade das ações em termos de indicadores econômicos e de saúde do público-alvo.

2. Capacidade do programa de atender a 100% do público-alvo.
3. Ser aceito e valorizado pela população-alvo (legitimidade).
4. Ser administrativamente eficiente.
5. Custo anual do programa por empregado em níveis aceitáveis.
6. Percebido como estrategicamente importante pela organização.
7. Produzir indicadores e métricas que tenham credibilidade.
8. Estar bem integrado com a política de benefícios e serviços da organização.

2. NOVAS METODOLOGIAS E USO DA TECNOLOGIA

A internet tem sido utilizada cada vez mais para disseminação de informações, realizar avaliações, orientações e acompanhamento. Muitas organizações têm lançado portais que se constituem no núcleo do programa, permitindo interatividade, comunicação com os diferentes setores e feedback das ações e iniciativas. Há pesquisas no mundo inteiro com utilização de sistemas sofisticados de inteligência artificial que permitirão a personalização das mensagens e da comunicação com os usuários.

No entanto, alguns aspectos devem ser ressaltados com relação à internet:

- Boa parte de nossa população não utiliza regularmente, em casa ou no trabalho.
- Possui capacidade limitada na mudança de comportamento. Em geral, não pode ser utilizada como o principal fator motivador.
- Constitui-se numa ferramenta passiva, pois depende do acesso do usuário (que pode estar na fase de pré-contemplação e não estar interessado nas informações e orientações ali postadas) e de elementos de tecnologia (equipamento, velocidade de conexão e programas).
- Alguns grupos populacionais (idosos, por exemplo) têm maior resistência.
- Evers (2006) revisou a literatura, analisando vários critérios técnicos (como audiência, ferramentas de *feedback* para os usuários, acompanhamento dos participantes) e não observou efeito significativo no uso da internet sobre a mudança de comportamento. Ressalta o desafio de aperfeiçoar as ferramentas para que seu uso seja mais efetivo.

3. ABORDAGENS PARA UMA POPULAÇÃO MAIS IDOSA

O aumento da expectativa de vida aliado a aposentadorias em idades mais avançadas vão exigir abordagens específicas para trabalhadores com idade mais avançada. Naumanen (2006) pesquisou sobre os fatores que os profissionais de mais de 45 anos consideravam essenciais e constatou que mais de 95% relatam que bons relacionamentos interpessoais, atitudes positivas em relação à vida, à saúde e ao trabalho e desenvolvimento de novos conhecimentos por meio do treinamento são essenciais e que as ações e aspectos mais relevantes em promoção da saúde são as avaliações periódicas, o estilo de vida saudável, bom ambiente de trabalho e acesso a aconselhamento. À medida que os trabalhadores entram no grupo das pessoas que estão com 55 anos ou mais, dinâmicas complexas os motivam a permanecer no trabalho ou na transição para a aposentadoria. Grupos que possuem mais instrução aposentam-se de forma mais voluntária, experimentam níveis maiores de satisfação pessoal com seus trabalhos e têm propensão a trabalhar por mais tempo. Para alguns, aposentadoria pode vir a ser uma opção necessária quando a pouca saúde, as dores crônicas, os problemas mentais ou outras doenças se sobrepõem a outras opções. Além disso, os trabalhadores que se aposentam mais cedo por motivos de saúde causam maior impacto nas despesas sociais e médicas quando deixam a força de trabalho. A baixa qualidade psicossocial do trabalho e reduzido bem-estar são consistentemente associados à aposentadoria precoce. Assim, a manutenção do bom ou do excelente estado de saúde física e psicossocial é imperativo, não somente para prover maior flexibilidade de escolhas, mas também para fazer um ajuste positivo para a aposentadoria em qualquer idade. De acordo com Musich et alii (2009), as estratégias mais importantes para os trabalhadores de mais idade são:

- **Políticas e práticas organizacionais** – horários flexíveis, oportunidades iguais, trabalho em grupo, ajustes ergonômicos evitando atividades repetitivas, oportunidades de treinamento e capacitação, apoio e comunicação (reconhecendo a importância da experiência).
- **Ambiente de trabalho** – lanchonetes com alimentos saudáveis, ambientes livres do tabaco, oportunidades para atividade física, ações de gerenciamento do estresse, avaliações periódicas e preventivas, programas de equilíbrio da vida pessoal e profissional, ênfase na satisfação no trabalho, aconselhamento pré-aposentadoria, gestão financeira pós-aposentadoria.

- **Gestão em saúde** – estratégias para envelhecimento saudável, controle do peso corporal, alimentação e atividade física, gestão de doenças crônicas, prevenção de acidentes no lar, ergonomia, estabelecimento de redes de relacionamento, psicologia positiva, medicina alternativa.
- **Serviços médicos** – exames físicos anuais, gestão do benefício-farmácia, testes audiométricos e visuais, rastreamento de depressão, apoio a tratamento de distúrbios do sono.

4. PSICOLOGIA POSITIVA

A psicologia positiva tem como preocupação principal não apenas as dificuldades emocionais, mas o fortalecimento da pessoa para que ela alcance seus objetivos na vida. Para tal, ela busca identificar as forças e virtudes humanas para que o indivíduo possa utilizá-las como alimento de busca do que existe de melhor em si. Em seu livro *Learned Optimism* (1991), Seligman, pai da psicologia positiva, apoiado em resultados de pesquisas, conclui que viver com êxito é aprender a perceber o melhor de uma situação negativa. Ele lembra que o pessimismo é um hábito que leva a pessoa à depressão, diminui a realização individual e mina a saúde física da pessoa. Como ele considera o otimismo como uma habilidade que pode ser desenvolvida, é possível desaprender o pessimismo e aliviar a dor e a má saúde. Seligman lembra que, se 50% da personalidade é fixa, a outra metade é o resultado do que você faz ou do que lhe acontece. Isso abre portas para o autoaperfeiçoamento. Ele propõe, em seu livro *Felicidade Autêntica*, que a felicidade é atingida através de uma vida engajada (engajamento profundo, com o uso das capacidades e virtudes em atividades que sejam desafiadoras e recompensadoras), prazerosa (utilizar os conhecimentos e habilidades para tê-los com mais intensidade) e com significado (uso dos conhecimentos e virtudes a serviço de algo que se acredita valer a pena e é maior que qualquer coisa).

As bases da psicologia positiva constituem elementos poderosos para a promoção da saúde emocional e para a melhoria da qualidade de vida, com adoção de estilos de vida saudáveis. Uma pessoa deprimida, triste, que fica ruminando os pensamentos ou é pessimista, dificilmente deixará de fumar, iniciará uma atividade física ou fará escolhas alimentares saudáveis. Aprendemos com Martin Seligman que as pessoas devem ser orientadas a reagir aos problemas através dos seus recursos pessoais (*personal power*) e que os eventos ruins são temporários, os problemas devem ser isolados e podem ser superados pela perseverança e pelas capacidades individuais.

No esforço de descobrir como desenvolver nas pessoas a habilidade de manutenção do bem-estar emocional e de alcançar o engajamento necessário para uma felicidade realista, surgem as pesquisas de Mihaly Csikszentmihaly (1990,1997). Ele alerta que frequentemente vivemos nossos dias sem consciência ou contato com nossa vida emocional e apresenta uma importante ferramenta para vivermos menos pressionados e ansiosos com nossas demandas diárias. A estratégia é buscar atividades nas quais se possa alcançar o que ele definiu como "estado de fluxo" (*flow*). Entrar em estado de fluxo é absorver toda a atenção e envolvimento no momento presente. É um estado de concentração máxima na tarefa que se está realizando, ao ponto de não ver o tempo passar. Trata-se de uma poderosa fonte de energia mental, nos motiva para a ação e foca a nossa atenção, compatibilizando o máximo de nossas habilidades com atividades desafiadoras, mas atingíveis. Ter momentos de fluxo nos permite apreciar a vida, ser responsável e assumir atividades construtivas que nos fazem sentir contribuindo para um mundo melhor.

Os budistas nos ensinam que devemos "agir como se o futuro do universo dependesse de nós, mas também nos divertirmos em pensar que o que fazemos acaba não fazendo a menor diferença". Conseguir frequentemente entrar em estado de fluxo faz as pessoas mais felizes, pois elas estão focando conscientemente nas atividades do dia a dia. Dessa forma, constroem pontes com o futuro do universo.

Estamos frequentemente envolvidos com as atividades do dia a dia, com os compromissos, com a preocupação com o futuro. Muitas vezes nos comportamos como autômatos. O psicólogo Jon Kabat-Zinn, responsável pela Clínica de Redução de Estresse da Universidade de Massachussetts, demonstrou que uma das melhores maneiras para melhorar a qualidade de vida e reduzir o estresse é estarmos conscientes, observarmos atentamente a realidade em que vivemos, sem julgamentos. A concentração está relacionada com viver em harmonia consigo mesmo e com o mundo. Por meio dessa postura, vivemos e valorizamos cada momento, apreciamos as coisas boas, aprendemos com os erros e conseguimos trocar energias positivas com as pessoas. Segundo Kabat-Zinn, a concentração nos ajuda a valorizar sentimentos como a alegria, a tranquilidade e a felicidade, que, com frequência, passam despercebidas. Por isso, é libertadora e fortalecedora, pois permite que utilizemos nossa criatividade, inteligência, imaginação, clareza, determinação, discernimento e sabedoria, que muitas vezes estão adormecidos dentro de nós (Kabat-Zinn, 2001).

5. NOVAS ABORDAGENS

O desafio na mudança de comportamento e abordagem de um público maior, com melhores resultados, envolve o uso da tecnologia, mas mantendo o contato interpessoal, internacionalmente conhecido como *high tech – high touch* (alta tecnologia – muito contato). Podemos destacar algumas abordagens que têm merecido atenção dos especialistas:

- **Aconselhamento telefônico** – ativo e passivo.
- ***Coaching*** – orientação, frequentemente com utilização de técnicas de consulta motivacional.
- **Suporte entre pares (*peer support*)** – conforme proposto por Judd Allen, visa ao apoio entre colegas e amigos, na escola, no trabalho e na família, oferecendo apoio para mudança de comportamento, mudança da cultura em direção a uma visão de bem-estar e qualidade de vida.

Consideramos que a abordagem em bem-estar e qualidade de vida, inclusive na empresa, cada vez mais ampliará o seu foco, não se restringindo a fatores de risco de doenças crônicas ou prevenção de patologias e passando a incluir questões como ética, cuidado com o meio ambiente, sustentabilidade, sentido e propósito na vida e pensamento crítico, conforme propõe Ardell (2009, não publicado).

Prevenção	*Wellness*	*Real Wellness*
Exame periódico de saúde	Atividade física	Significado e propósito
Educação em saúde	Nutrição	Psicologia positiva/ felicidade
Tratamento obesidade/ tabagismo	Gerenciamento do estresse	Prazer, diversão, motivação
Fatores de risco	Suporte social	Pensamento crítico
Gestão médica	Educação ambiental	Ética aplicada

Tabela 17. Focos de abordagens dos diferentes programas (Ardell, 2009).

6. UMA NOVA VISÃO EM BEM-ESTAR E QUALIDADE DE VIDA

Atualmente, os programas ainda estão excessivamente voltados para fatores de risco de doença e comportamentos de risco. Talvez uma alteração de foco possa propiciar melhores resultados na mudança de comportamento e a adoção de estilos de vida saudáveis. Ornish (2008) propõe a mudança do medo de morrer pelo prazer em viver, que é um motivador sustentável. A vida deve ser vivida com intensidade. Informação não é suficiente para mudar estilo de vida. Há fatores mais profundos envolvidos, como solidão, ansiedade e depressão, que são epidêmicos em nossa cultura. Nesse contexto, abordar questões relacionadas ao relacionamento interpessoal, espiritualidade e energia é importante para mudanças mais profundas e que permitam às pessoas ter mais saúde, prazer e bem-estar.

A ampliação da abordagem dos programas de qualidade de vida exigirá que os gestores se capacitem e se atualizem constantemente por meio de novos conhecimentos, tecnologias e práticas. Nesse contexto, os programas podem ocupar espaço estratégico nas organizações, assumindo caráter multidimensional e multiprofissional. Cada vez mais os profissionais devem estar integrados em rede, para atuação conjunta, intercâmbio e aperfeiçoamento. Em nosso país, a experiência da Associação Brasileira de Qualidade de Vida (www.abqv.org.br) é um exemplo de sinergia que permite nova visão e ação de vanguarda na questão do bem-estar no ambiente corporativo.

PARTE IV

Bibliografia Complementar

BIBLIOGRAFIA COMPLEMENTAR EM PORTUGUÊS

QUALIDADE DE VIDA, SAÚDE E BEM-ESTAR

1. ARELLANO, E.B. *Práticas premiadas em qualidade de vida no Brasil.* In: Lombardi, T.M.; Simurro, S.A.B.; Arellano, E.B. (orgs.). *Prêmio Nacional de Qualidade de Vida: a trajetória de uma década.* São Paulo: ABTD, 2007.
2. FLECK, Marcelo. *A avaliação da qualidade de vida: guia para profissionais de saúde.* Porto Alegre: Artmed, 2005.
3. FRIES, James e VICKERY, Donald. *Guia prático da saúde familiar: recomendações para os problemas e sintomas mais comuns.* Rio de Janeiro: Elsevier, 2005.
4. GAUDÊNCIO, Paulo. *Mudar e vencer: Como as mudanças podem beneficiar pessoas e empresas. Palavras e Gestos,* São Paulo: 2005.
5. LEFEVRE, F., LEFEVRE A.M.C. *Promoção da saúde: a negação da negação.* Rio de Janeiro: Vieira & Lent, 2004.
6. LIMONGI, Ana Cristina. *Qualidade de vida no trabalho.* Petrópolis: Vozes, 2007.
7. MOREIRA, Wagner W. (org.). *Qualidade de vida: complexidade e educação.* São Paulo: Papirus, 2001.
8. NERI, Anita Liberalesso (org.). *Qualidade de vida e idade madura.* São Paulo: Papirus, 2000.
9. OGATA, Alberto e MARCHI, Ricardo de. *Wellness: Seu guia de bem-estar e qualidade de vida.* Rio de Janeiro: Elsevier, 2008.

10. RODRIGUES, Marcus Vinicius Carvalho. *Qualidade de vida no trabalho.* Petrópolis: Vozes, 2000.
11. ROIZEN, Michael. *Você: Manual do Proprietário.* Rio de Janeiro: Elsevier, 2005.
12. SAMPAIO, Jader dos Reis (org.). *Qualidade de Vida no Trabalho e Psicologia Social.* Casa do Psicólogo, 2003.
13. SIGNORINI, Mario. *Qualidade de Vida no Trabalho: E as dimensões da satisfação, do saber e do sagrado no trabalho significativo.* Taba Cultural, 1999.

DIMENSÃO EMOCIONAL

1. ANDREWS, Susan. *Stress a seu Favor: Como Gerenciar sua Vida em Tempos de Crise.* Agora, 2003.
2. COOPER, Kenneth. *A Cura pelo Estresse.* Record, 1999.
3. DOLAN, Simon L. *Estresse, Auto-Estima, Saúde e Trabalho.* Qualitymark, 2006.
4. FRANÇA, Ana Cristina Limongi e RODRIGUES, Avelino Luiz. *Stress e Trabalho: Uma abordagem psicossomática.* Editora Atlas, 1999.
5. FROST, Peter. *Emoções Tóxicas no Trabalho.* Casa do Psicólogo, 2003.
6. GOLEMAN, Daniel e Lama, Dalai. *Como Lidar com Emoções Destrutivas.* Elsevier, 2003.
7. GREENBERG, Jerrold. *Administração do Estresse.* Manole, 1999.
8. LIPP, Marilda (org.). *O Stress está dentro de Você.* Contexto, 1999.
9. LIPP, Marilda (org.). *O Stress no Brasil: Pesquisas Avançadas.* Papirus, 2004.
10. LIPP, Marilda e ROCHA, João Carlos. *Pressão Alta e Stress: O que fazer agora? Um guia de vida para o hipertenso.* Papirus, 2007.
11. LIPP, Marilda. *Stress e o Turbilhão da Raiva.* Casa do Psicólogo, 2005.
12. LIPP, Marilda; MALAGRIS, Lucia; NOVAIS, Lucio. *Stress ao longo da vida.* Ícone, 2007.
13. ROSSI, Ana Maria; PERREWE, Pamela e SAUTER, Steven (orgs.). *Stress e Qualidade de Vida no Trabalho: Perspectivas Atuais de Saúde Ocupacional.* Atlas, 2005.
14. ROSSI, Ana Maria. *Estresse Masculino: Um guia para identificar e controlar o estresse dos homens.* Artes e Ofícios, 2004.

15. SÉLIGMAN, Martin. *Felicidade Autêntica: Usando a nova psicologia positiva para a realização permanente.* Objetiva, 2004.
16. SERVAN-SCHREIBER, David. *Curar: O stress, a ansiedade e a depressão sem medicamento nem psicanálise.* Sá Editora, 2004.
17. ZINN, John Kabat. *Mente Alerta – Como Viver Intensamente cada momento de sua vida através da meditação.* Objetiva, 2001.

DIMENSÃO FÍSICA

1. BARROS, Turibio Leite de e BERTOLUCCI, Patrícia. *A Balança dos Pontos.* Manole, 2005.
2. DANTAS, Julizar. *Trabalho e Coração Saudáveis: Aspectos psicossociais: Impactos na Promoção da Saúde.* Ergo, 2007.
3. FILHO, Wilson Jacob. *Atividade Física e Envelhecimento Saudável.* Atheneu, 2007.
4. GHORAYEB, Nabil. *Ninguém morre de véspera.* Phorte, 2007.
5. GONÇALVES, Aguinaldo e VILARTA, Roberto (orgs.). *Qualidade de Vida e Atividade Física: Explorando teoria e prática.* Manole, 2004.
6. GUIMARÃES, Renato Maia. *Decida Você: Como e quanto viver.* Saúde e Letras, 2007.
7. GUISELINI, Mauro. *Aptidão Física, Saúde e Bem-estar: Fundamentos teóricos e exercícios práticos.* 2ª ed. Phorte, 2006.
8. HALPERN, Alfredo e FRANCIATTO, Claudir. *Desta vez eu emagreço.* Record, 2001.
9. KALLAS, Daniele (org.). *Guia Brasileiro de Práticas Corporais e Qualidade de Vida no Trabalho.* ABTD, 2006.
10. LIMA, Valquiria de. *Ginástica Laboral: Atividade física no ambiente de trabalho.* Phorte, 2007.
11. MATSUDO, Sandra e MATSUDO, Victor. *Atividade Física e Obesidade: prevenção e tratamento.* Atheneu, 2007.
12. MATSUDO, Sandra. *Envelhecimento e Atividade Física.* Midiograf, 2001.
13. MAZO, Giovana Z. *Atividade Física, Qualidade de Vida e Envelhecimento.* Sulina, 2008.
14. MCKEITH, Gilian. *A Não Dieta dos Franceses.* Elsevier, 2006.
15. NAHAS, Markus. *Atividade Física, Saúde e Qualidade de Vida.* Midiograf, 2006.

16. POLITO, Eliane; BERGAMASCHI, Elaine Cristina. *Ginástica Laboral: Teoria e prática.* Sprint.
17. ROIZEN, Michael e OZ, Mehmet. *O Corpo Inteligente.* Elsevier, 2007.
18. ROIZEN, Michael. *A Idade Verdadeira.* Elsevier, 2004.
19. ROIZEN, Roizen e OZ, Mehmet. *Você, Manual do Proprietário.* Elsevier, 2006.
20. SABA, Fabio. *Sete Lições para o Bem-estar.* Phorte, 2008.
21. SPROESSER, Antonio. *Viver Bem com Qualidade: O fator Wellness.* Sapienza, 2004.
22. STURMER, Joselaine Silva. *Reeducação Alimentar; Qualidade de Vida, emagrecimento e manutenção da saúde.* Vozes, 2001.

DIMENSÃO ESPIRITUAL

1. *A Alegria de Viver: Descobrindo o segredo da felicidade.* Elsevier, 2007.
2. *A Arte de Ser Gentil: A bondade como chave para o sucesso.* Objetiva, 2005.
3. *A mente alerta: Como viver intensamente cada momento de sua vida através da meditação.* Objetiva, 2001.
4. BORRIS-DUNCHUNSTANG, Eileen. *A arte do perdão.* Elsevier, 2007.
5. BRANTLEY, Jeffrey. *Desacelere!* Elsevier, 2009.
6. FERRUCCI, Piero. *A Arte da Gentileza.* Elsevier, 2004.
7. GIANETTI, Eduardo. *Felicidade.* Companhia das Letras, 2002.
8. GOLEMAN, Daniel. *A arte da Meditação.* Sextante, 1999.
9. KUNDTZ, David. *A Essencial Arte de Parar.* Sextante, 1999.
10. LYUBOMIRSKY, Sonja. *A Ciência da Felicidade: Como atingir a felicidade real e duradoura.* Elsevier, 2008.
11. TANURE, Betânia; CARVALHO, Antonio; ANDRADE, Juliana. *Executivos: Sucesso e Infelicidade.* Elsevier, 2007.
12. TEIXEIRA, Evilazio Francisco Borges et alii. *Espiritualidade e Qualidade de Vida.* EDIPUCRS, 2004.

DIMENSÃO SOCIAL

1. CORTELLA, Mario Sergio. *Qual É a Tua Obra,* Vozes, 2008.
2. GOLEMAN, Daniel. *Inteligência Social: O poder das relações humanas.* Sextante, 2007.

3. HADDOU, Marie. *Como dizer Não: Na família, no trabalho, aos amigos, no amor e no dia a dia*. Elsevier, 2004.
4. MARCELLINO, Nelson Carvalho (org.). *Lazer e Empresa*. Papirus, 2002.
5. MATOS, Gustavo Gomes de. *A Cultura do Diálogo*. Elsevier, 2006.
6. SUCESSO, Edina de Paula Bom. *Relações Interpessoais e Qualidade de Vida no Trabalho*. Qualitymark, 2002.
7. SUCESSO, Edina de Paula Bom. *Trabalho e Qualidade de Vida*. Dunya, 1997.
8. TIBA, Içami. *Quem Ama, Educa*. Integrare, 2008.
9. TOLLE, Eckart. *O Poder do Agora*. Sextante, 2002.
10. WONG, Robert. *O Sucesso Está no Equilíbrio*. Elsevier, 2008.

SITES BRASILEIROS NA INTERNET – QUALIDADE DE VIDA E BEM-ESTAR

1. AGITA SÃO PAULO – www.agitasp.org.br
2. ASSOCIAÇÃO BRASILEIRA DE QUALIDADE DE VIDA – www.abqv.org.br
3. ASSOCIAÇÃO BRASILEIRA DE STRESS – http://www.abs-2003.org.br/
4. ASSOCIAÇÃO BRASILEIRA DE STRESS – www.abs-2003.org.br
5. ASSOCIACÃO BRASILEIRA PARA O ESTUDO DA OBESIDADE – www.abeso.org.br
6. ASSOCIAÇÃO DE DEFESA DA SAÚDE DO FUMANTE – www.adesf.org.br
7. CEPEDOC – FACULDADE DE SAÚDE PUBLICA – USP – PROJETO CIDADES SAUDÁVEIS – www.cidadessaudaveis.org.br/
8. CONSELHO NACIONAL EMPRESARIAL PREVENÇÃO AO HIV/AIDS – www.cenaids.com.br
9. DIA DO DESAFIO – www.sescsp.org.br/sesc/hotsites/diadodesafio/
10. FUNDAÇÃO OSWALDO CRUZ – FIOCRUZ – www.fiocruz.br
11. GESTÃO EM QUALIDADE DE VIDA NO TRABALHO – www.g-qvt.com.br
12. INSTITUTO NACIONAL DO CÂNCER – www.inca.gov.br
13. ISMA BRASIL – www.isma.org.br
14. LAZER ATIVO – www.lazerativo.org.br

15. MBA EM PROGRAMAS DE QUALIDADE DE VIDA – www.mbagestaosaude.org.br/
16. PORTAL DA SAÚDE – MINISTÉRIO DA SAÚDE – www.saude.gov.br
17. SESI – DEPARTAMENTO NACIONAL – www.sesi.org.br
18. SOCIEDADE BRASILEIRA DE CARDIOLOGIA – FUNCOR – http://www.cardiol.br/funcor/
19. UNIVERSIDADE FEDERAL DO RIO GRANDE DO SUL – AVALIAÇÃO DE QUALIDADE DE VIDA – WHOQOL – www.ufrgs.br/Psiq/whoqol.html

REFERÊNCIAS BIBLIOGRÁFICAS

1. ALDANA, S. *Wellness Geeks Become Rock Stars – Absolute Advantage* 7(4)2-7, 2008.
2. ANSPAUGH, D. J.; DIGNAN, M.B.; ANSPAUGH, S.L. *Developing Health Promotion Programs.* 2ª ed. Waveland Press, 2006.
3. ARNESON, H. e EKBERG, K. *Evaluating of Empowerment Processes in a Workplace Health Promotion Intervention Based on Learning in Sweden.* Health Prom. Int. 20(4)351-359, 2005.
4. Associação Médica Brasileira. "Projeto Diretrizes – Diabetes Mellitus– Classificação e Diagnóstico", 2004. Disponível em www.projetodiretrizes.org.br/4_volume/06-Diabetes-c.pdf. Acesso em 30 de dezembro de 2008.
5. Associação Médica Brasileira. "Projeto Diretrizes – Hipertensão Arterial – Abordagem Geral", 2002. Disponível em www.projetodiretrizes.org.br/projeto_diretrizes/059.pdf. Acesso em 30 de dezembro de 2008.
6. Associação Médica Brasileira. "Projetos Diretrizes – Obesidade: Diagnóstico e Tratamento da Criança e do Adolescente", 2006. Disponível em www.projetodiretrizes.org.br/4_volume/21-Obesiddia.pdf. Acesso em 30 de dezembro de 2008.
7. Association for Fitness in Business. "Guidelines for Employee Health Promotion Programs". Human Kinetics Publishers, 1992.
8. BANDURA, A. (coord.). *Self Efficacy – Changing Societies.* Cambridge University Press, 1995.
9. BANDURA, A. *Self-efficacy: Toward a unifying theory of behavioral change.* Psychological Review, 84,191-215,1977.

10. BOSI, M.F. et alii. *Health care costs in the last four years of life for private health plan beneficiaries in Brazil.* Pan. Am. J. Public Health 24(2)126, 2008.
11. BOTTI, M. et alii. "Perfil do ambiente e condições de trabalho: consistência dos resultados em trabalhadores com diferentes graus de escolaridade." In: XXIX Simpósio internacional de ciências do esporte, 2006. São Paulo: Revista Brasileira de Ciência e Movimento – Supl. Esp., 2006, v. 14.
12. BRASIL. Agência Nacional de Saúde Suplementar. "Promoção de Saúde e Prevenção de Riscos e Doenças na Saúde Suplementar: Manual Técnico." 2ª ed., Rio de Janeiro, 2007.
13. BRASIL. Agência Nacional de Saúde Suplementar. Resolução Normativa 94 de 23 de março de 2005 – Disponível em www.ans.gov.br/portal/site/legislacao/legislacao_integra.asp?id=664&id_original=0 – Acesso em 25 de dezembro de 2008.
14. BRASIL. Ministério da Saúde. VIGITEL BRASIL 2006. "Vigilância de Fatores de Risco e Proteção para Doenças Crônicas por Inquérito Telefônico". Brasília, 2007.
15. BUCK SURVEYS. *Working well: A Global Survey of Health Promotion and Workplace Wellness Strategies*, 2008.
16. CENTER FOR DISEASE CONTROL AND PREVENTION. "Cholesterol Fact Sheet". Disponível em www.cdc.gov/DHDSP/library/fs_cholesterol.htm. Acesso em 30 de dezembro de 2008.
17. Centre for Health Promotion – University of Toronto. "The Quality of Life Model". Disponível em www.utoronto.ca/qol/concepts.htm. Acesso em 12 de dezembro de 2008.
18. CHAPMAN, L. "Presenteeism and its Role in Worksite Health Promotion – The Art of Health Prom. 1-12". March/April, 2005 (in Am.J.Health Prom.19(4)2005).
19. CHAPMAN, L. *Planning Wellness. Getting Off a Good Start, Summex Health Management Guides*, 2005.
20. CHAPMAN, L. Proof. *Positive: An Analyses of the Cost-Effectiveness of Worksite Wellness.* 5ª ed. Summex, 2002.
21. CHAPMAN, L. *Using Wellness Incentives – Positive Tools to Healthy Lifestyle.* 4ª ed. Summex, 2002.
22. CHAPMAN, L.; WHITEHEAD, D'Ann; CONNORS, M.C. *The Changing Role of Incentives in Health Promotion and Wellness – The Art of Health Prom1-12.* Sept/Oct, 2008 (In Am.J.Health Prom. 23(1), 2008.

23. CHENOWETH, D.H. *Evaluating Worksite Health Promotion*. Human Kinetics, 2002.
24. CHIAVENATO, I. *Recursos Humanos na Empresa. Planejamento de recursos Humanos*. São Paulo: Atlas, 2001.
25. CICONELLI, R. M. et alii. "The Brazilian Portuguese Version of the Work Productivity and Activity Impairment – General Health (WPAI-GH)Questionnaire". São Paulo, Med. J. 134(60325-32, 2006).
26. CSIKSZENTMIHALY, M. *Finding flow – The Psychology of Engagement with Everyday Life*. Basic Books, 1997.
27. CSIKSZENTMIHALY, M. *Flow – The Psychology of Optimal Experience*. Harper Perennial, 1990.
28. CZERESNIA, D. (org.). *Promoção da Saúde: Conceitos, reflexões, tendência*. Rio de Janeiro: Fiocruz, 2007.
29. DECI, E.L. *Why We Do What We do – Understanding Self Motivation*. Penguin Book, 1995.
30. DIENER, E. e BISWAS-DIENER, R. *Happiness – Unlocking the Mysteries of Psychological Wealth* – Blackwell Publ., 2008.
31. DOLAN, S. L. *Estresse, Auto-estima, Saúde e Trabalho*. São Paulo: Qualitymark, 2006.
32. DONNELL, M. P. "The Face of Wellness – Aspirational Vision of Health, Renewing Health Behavior Change Process and Balanced Portfolio Approach to Planning Change Strategies." *The Art of Health Promotion*, Nov/Dec, 2008.
33. ERIKSSON, M. e LINDSTROM, B. *Antonovsky's Sense of Coherence Scale and its Relation with Quality of Life: a Systematic Review*. J.Epidemiol.Community Health 61:938-944, 2007.
34. FERRAZ, M.B. *Health Care Costs in the Last Four Years of Life for Private Health Plan Beneficiaries in Brazil*. Rev. Panam. Salud Publica 24|(2)120-126,2008.
35. FLECK, M.P.A. *A avaliação de qualidade de vida: guia para profissionais de saúde*. Porto Alegre: Artmed, 2008.
36. FRIES, J. F. *Aging, Natural Death and Compression of Morbidity*. New Engl.J.Med. 80(3)245-249,2002.
37. FRISCH, M.B. *Quality of Life Therapy – Applying a Life Satisfaction Approach to Positive Psychology and Cognitive Therapy*. John Wiley & Sons, Inc, 2006.

38. GLAROS, T.E. *Health Promotion – Ideas that work – 84 Proven Activities for the workplace.* Human Kinetics, 1997.
39. GOETZEL, R. *Estimating the Return-on-Investiment From Changes in Employee Health Risks on The Dow Chemical Company's Health Care Costs.* J.Occup. Environ. Med. 47(8)759-768, 2005.
40. GOETZEL, R. et alii. "Emerging Trends" *In: Health and Productivity Management. The Art of Health Promotion,* Sept, Oct, 2007 1– 10. (in Am. J.Health Prom. 22(1)Sept-Oct, 2007).
41. GOETZEL, R. et alii. *Health, Absence, Disability and Presenteeism Cost Estimates of Certain Physical and Metal Conditions Affecting U.S. Employers.* J. Occup. Environ. Med. 46(4)398-412, 2004.
42. GOETZEL, R. Z. e OZMINKOWSKI, R. J. *How to Evaluate Workplace Health Promotion Programs,* 2000
43. GOETZEL, R.; ANDERSON, D.; WHTMER, R.W.; OZMINKOWSKI, R. *The Relationship Between Modifiable Health Risks and Health Care Expenditures: An Analysis of the Multi-Employer HERO Health Risk and Cost Database.* J. Occup. Environ. Med. 40(10)843-854, 1998.
44. GUIMARÃES, L.A.M. e Grubits, S. "Série Saúde Mental e Trabalho" – Vol. 4 – Casa do Psicólogo, 2008.
45. Hemp, P. *Presenteeism: At Work – But out of It.* Havard Bus.Rev. 82(10)49-58, 2004.
46. KABAT-ZINN, J. *Mente alerta – como viver intensamente cada momento de sua vida através da meditação.* Objetiva, 2001.
47. KALACHE, A.; ABODERIN, I.; HOSKINS, I. *Compression of Morbidity and Active Ageing: Key Priorities for Public Health Policy in the 21st Century.* Bull. World.Health Org. 80(3)243-250, 2002.
48. KERR, J.; WEITKNAT, R.; MORETTI, M. *ABC of Behavior Change. A Guide to Successful Disease Prevention and Health Promotion.* London: Elsevier, 2005.
49. KOOPMANSCHAP, M. et alii. *Measuring Productivity Changes.* In: Economic Evaluation. Pharmacoeconomics 23(1)47-64, 2005.
50. LEDDY, S.K. *Health Promotion: Mobilizing Strengths to Enhance Health, Wellness and Well-being.* F.A. Davis Company, 2006.
51. LEFEVRE, F. e Lefevre, A.M.C. *Promoção de saúde – a negação da negação.* Vieira & Lent, 2004.
52. LEVITT, D. B. *Employee Assistance Programs in Health Promotion In The Workplace.* Michael O' Donnell (org.). 2ª ed. Delmar, 1994.

53. LIMONGI FRANÇA, A. C. *Práticas de Recursos Humanos.* Atlas, 2008.
54. LIPP, M.(coord.). *Estresse no Brasil. Pesquisas avançadas.* Campinas: Papirus, 2004.
55. LYUBOMIRSKY, S. *A Ciência da Felicidade: Como atingir a felicidade real e duradoura.* Rio de Janeiro: Elsevier, 2008.
56. MAHONEY, J. e Hom, D. *Total Value, Total Return.* GlaxoSmithKline, 2006.
57. MATSUDO, S. et alii. "Questionário Internacional de Atividade Física (IPAQ) – Estudo de Validade e Reprodutibilidade no Brasil". Rev. Bras. Ativ. Fis. Saúde 6(2)5-18,2001.
58. MCKENZIE, J. F. & SMELTZER, J. *Planning, Implementing and Evaluating Health Promotion Programs.* 3ª ed. Allyn & Bacon, 2001.
59. MENDES, R. *Medicina do Trabalho e Doenças Profissionais.* São Paulo: Sarvier, 1980.
60. Ministério da Saúde, Brasil, VIGITEL BRASIL 2008, "Vigilância de Fatores de Risco e Proteção para Doenças Crônicas por Inquérito Telefônico" – Brasil, 2009 – Disponível em – portal.saude.gov.br/portal/arquivos/pdf/VIGITEL2008_web.pdf Acesso em 16 de abril de 2009.
61. NAHAS, M. et allii. *Estilo de Vida e Hábitos de Lazer dos Trabalhadores das Indústrias Brasileiras: Relatório Geral.* Brasília: SESI-DN, 2009.
62. NAHAS, M. V. *Atividade Física, Saúde e Qualidade de Vida.* 4ª ed. Midiograf, 2006.
63. NOGUEIRA D. P. e LAURENTI, R. "Absenteismo por doença em mulheres." *Rev. Saúde Pública,* 9:393-9, 1975.
64. O'DONNELL, M. P. "A simple framework to describe what works best: improving awareness, enhancing motivation, building skills and providing opportunity". *The Art of Health Promotion* Sept/Oct, 2005.
65. O'DONNELL, M. P. "Design of Workplace Health Promotion Programs", 1995.
66. O'DONNELL, M. P. *Health Promotion in the Workplace,* 2ª ed. Delmar, 1994.
67. O'DONNELL, M. P. *Health Promotion in The Workplace.* 3ª ed. Delmar, 2002.
68. Olsson, M. et alii. *Sense of Coherence: Definition and Explanation.* Int. J. Soc. Welfare 15:219-229, 2006.
69. Organização Mundial da Saúde. "Prevenção de Doenças Crônicas – Um investimento vital." Organização Mundial da Saúde, 2005. Dispo-

nível em: www.who.int/chp/chronic_disease_report/part1_port.pdf. Acesso em 15 fev. 2008.

70. ORNISH, D. *The Spectrum. A Scientifically Proven Program to Feel Better, Live Longer, Lose Weight an Gain Health.* Balantine Books, 2008.
71. PROCHASKA, J. O. "Strong and Weak Principles for Progressing from Precontemplation to Action on the Basis of Twelve Problem Behaviors." *Health Psychol,*(13)1,47-51,1994.
72. PROCHASKA, J. O. e PROCHASKA, J.M. *Why Don`t Continents move? Why don't people change?* J.Psychot.Integration 9(1)83-102,1999.
73. PROCHASKA, J. O; NORCROSS, J. C.; DICLEMENTE, C.C. *Changing for Good. A Revolutionary six-stage Program For Overcoming Bad Habits and Moving Your Life Positively Forward.* Quill, 2002.
74. SERXNER, S.; BAKER, K.; GOLD, D. "Guidelines for Analysis of Economic Return from Health Management Programs." *The Art of Health Prom.* July/August, 1-6, 2006 (in Am. J. Health Prom., 20(6),2006).
75. SHERMAN, M. T. *Wellness in The Workplace – How to plan, implement and evaluate a Wellness Program.* Crisp Publ., 1990.
76. SHERMAN, M. T. *Wellness in the Workplace. How to Plan, Implement and Evaluate a Wellness Program.* Crisp Publ., 1990.
77. SHWARZER, R. e FUCHS, R. *Changing Risk Behaviors and Adopting Health Behaviors: The Role of Self-Efficacy Beliefs in Self Efficacy in Changing Societies.* Bandura, A. (org.) Cambridge University Press, 1995.
78. SOÁREZ, P. C. et alii. Tradução para o português brasileiro e validade de um questionário de avaliação de produtividade. Rev. Panam. Salud Publica, 22(1)21-28, 2007.
79. TAMARA, M. K. et alii. *The Future of Health Promotion/Disease Prevention Programs: The Incentives and Barriers Faced by Stakeholders.* J. Occup. Environ. Med., 48(6)541-548, 2006.
80. TRAVIS, J. W. e RYAN, R. S. *Wellness Workbook – How to Achieve Enduring Health and Vitality.* Celestial Arts, 2004.
81. WELCOA – *Absolute Advantage: The Workplace Wellness Magazine,* vol. 4, n. 6, 2006.
82. WELCOA – *Absolute Advantage: The Workplace Wellness Magazine,* vol. 5, n. 6, 2006.

83. WELCOA – *The Well Workplace – Field Manual – A Step-by-Step Guide for the Busy Wellness Practitioner,* 2006.
84. WILSON, P.W. et alii – *Prediction of Coronary Heart Disease Using Risk Factor Categories – Circulation*, 105(3)310-315,2002.
85. World Health Organization – Prevention of Cardiovascular Disease – Guidelines for Assessment and Management of Cardiovascular Risk, 2007.
86. World Health Organization – The Impact of Chronic Disease in Brazil. Disponível em www.who.int/chp/chronic_disease_report/media/brazil.pdf. Acesso em 15 fev. 2008.

PARTE V

Anexos e Instrumentos de Qualidade de Vida

ANEXO A

Pesquisa de Viabilidade

1. A empresa está preparada para desenvolver o programa?
2. Que modelo de programa é esperado?
3. Quais as metas e motivos para considerar o desenvolvimento do programa?
4. Qual a expectativa de tempo esperado para que o custo efetivo do investimento no programa ofereça de retorno financeiro?
5. Quais são os resultados esperados pela organização e em quanto tempo?
6. Quais os níveis de apoio dentro da organização?
7. Que tipo de suporte pode-se conseguir para o programa?
8. Quais são as necessidades e os interesses dos funcionários nos diferentes níveis de hierarquia da empresa?
9. A organização terá acesso aos recursos necessários para o desenvolvimento do programa?
10. Quais os fatores-chave que devem ser considerados durante o desenho do programa atual?

ANEXO **B**

Temas e Questões para a Entrevista de Busca de Suporte da Liderança

TEMA I: PERCEPÇÃO DO PROGRAMA

1. O que acha que deveria estar incluso em um programa de bem-estar e qualidade de vida?
2. O programa deveria ser visto como um ponto forte dentro da companhia?
3. Quais as dimensões de bem-estar que o programa deveria abordar?
4. Quais ações deveriam ser oferecidas no programa (estresse, clima organizacional, nutrição, programa antitabagismo, atividade física, orientação postural)?
5. Qual sua expectativa quanto ao índice de participação razoável para o sucesso do programa?
6. O programa deveria ser voluntário para todos os funcionários?
7. Qual seria o tempo razoável para o desenvolvimento do programa até algum resultado efetivo ser apresentado?
8. Que ação seria prioridade no programa da empresa?
9. Os gestores deveriam participar do programa de bem-estar e qualidade de vida?
10. Você conhece algum programa de bem-estar e qualidade de vida de alguma outra organização?

TEMA II: SUPORTE AO PROGRAMA

1. Você participaria das ações oferecidas pelo programa?
2. Deveríamos utilizar incentivos para os funcionários participarem das ações do programa? Quais?
3. De qual ação você participaria e com que frequência?
4. O que lhe motivaria a participar das ações?

5. O que lhe manteria participando do programa ao longo do tempo?
6. Você encorajaria os diretores, gerentes e funcionários a participarem do programa?
7. Com que intensidade você acha que os gerentes darão apoio ao programa de bem-estar e qualidade de vida?
8. Você apoiaria certa flexibilidade no horário de trabalho para que os funcionários participem das atividades do programa?

TEMA III: SUPORTE FINANCEIRO

1. Qual é sua visão de custo para o início de um programa de bem-estar e qualidade de vida?
2. Que tipo de comprometimento financeiro você está disposto a fazer neste momento?
3. Em sua opinião, os funcionários devem participar nos custos dos programas?
4. Você tem alguma sugestão para o suporte financeiro dos programas?

TEMA IV: BENEFÍCIOS POTENCIAIS

1. Do ponto de vista gerencial, qual é sua expectativa acerca dos benefícios dos programas de bem-estar e qualidade de vida?
2. Que resultados de curto prazo são esperados de seu ponto de vista?
3. Quais resultados de longo prazo para a empresa você espera?
4. Qual o benefício mais importante do seu ponto de vista?
5. Qual é o tempo realista para o programa demonstrar os benefícios para empresa?

TEMA V: ESTRATÉGIAS PARA IMPLEMENTAÇÃO

1. Quais as chaves para o sucesso do programa, na sua opinião?
2. O que precisa ser feito para garantir o apoio da gerência?
3. Que aspectos da cultura devem ser considerados no planejamento dos programas?
4. Você apoiaria políticas de apoio aos programas (políticas antitabagismo, exclusão de máquinas de salgadinhos etc.)?

(Adaptado do modelo *Potencial Interview Questions for Management Support of Health Promotion Programs*, Anspaugh, et alii, 2005)

ANEXO C

Modelos de Carta de Apoio do Presidente ao Programa

MODELO I

Caro profissional da (nome da empresa),

O maior valor de nossa organização são as pessoas. Pessoas saudáveis, motivadas e produtivas sentem-se mais equilibradas no seu trabalho e na sua família. Promover a melhoria da qualidade de vida de nossos funcionários e manter o bem-estar no ambiente de trabalho é o grande desafio que agora nos propomos com o (nome do programa).

Ouvimos o tempo todo que podemos melhorar nossa condição física e emocional por meio da melhoria do nosso estilo de vida. A (nome da empresa) resolveu abraçar essa causa. Promover um ambiente de suporte e de bem-estar, onde todos possam melhorar o seu estilo de vida, é o objetivo deste programa que a partir de agora oferecemos.

O programa é para todos. As atividades propostas irão nos ajudar a descobrir como alcançar as vantagens de um estilo de vida mais saudável.

Estamos comprometidos com a melhoria da saúde e da vida de nossos funcionários e queremos que todos vocês aproveitem os benefícios oferecidos!

MODELO II

Para: (Nome do funcionário)

De: (Nome do presidente)

Como presidente da (nome da organização), convido-o a participar do novo Programa de Bem-estar e Qualidade de Vida (nome do programa). Essa é mais uma iniciativa da nossa organização, que pretende oferecer aos nossos funcionários um ambiente que favoreça a melhoria do estilo de vida e o bem-estar de cada um de nós.

Acreditamos que o sucesso de nossa organização só é possível a partir do bem-estar e do sucesso de cada pessoa que faz parte dela. Participe e se beneficie das ações.

Vejo você por lá!

ANEXO D

Pesquisa para Seleção de Membros para o Comitê de Qualidade de Vida

1. Qual o seu interesse em participar do comitê?
2. Que benefícios espera para você, para os funcionários e para a empresa?
3. O que você pode fazer para promover o programa junto a seus companheiros?
4. Quanto tempo por semana poderia dispor para o planejamento, promoção e implementação do programa?
5. Qual seria o melhor horário para sua participação nas reuniões?
6. Qual dos seus talentos você pode oferecer para as atividades do programa?

ANEXO E

Modelo de Atribuições de um Comitê de Qualidade de Vida

1. Fornecer *feedback* sobre as necessidades da força de trabalho.
2. Fornecer contribuições no planejamento, implementação e avaliação do programa de bem-estar e qualidade de vida do funcionário.
3. Fornecer subsídio ao planejamento anual do programa.
4. Fornecer assistência na obtenção de melhor coordenação e integração com outros serviços e funções do ambiente de trabalho.
5. Fornecer contribuições nos assuntos relacionados à saúde da força de trabalho.
6. Ajudar na seleção de pessoas para "vender" o programa internamente.
7. Fornecer avaliação de *feedback* das ações do programa.
8. Ajudar no que for apropriado para a implementação do programa.

(Adaptado do modelo *Potencial Interview Questions for Management Support of Health Promotion Programs,* Anspaugh, et alii, 2005.)

ANEXO F

Perguntas-chave para as Reuniões do Comitê de Qualidade de Vida

1. Como o programa deveria ser apresentado aos funcionários?
2. Como os gerentes podem mostrar o apoio deles para o programa?
3. Como os funcionários estão reagindo ao programa?
4. Como aumentar o nível de participação do programa?
5. Como conseguir adesão daqueles que não participam?
6. Qual foi a avaliação desta ação ou do programa?
7. Quais atividades dos programas deveriam ser repetidas?
8. Existe algum grupo que se sente deixado de lado?
9. Como aprimorar o marketing do programa?
10. O que deveria ser programado para o próximo ciclo?

(Adaptado de *Planning Wellness: Getting Off a Good Start*, Chapman, 2005.)

ANEXO G

Pesquisa Sobre as Necessidades da Empresa

Assinale e classifique, em ordem de prioridade, cinco das principais necessidades da empresa:

( ) Diminuir os acidentes no trabalho.
( ) Melhorar o ambiente no trabalho.
( ) Aumentar a produtividade.
( ) Minimizar o estresse.
( ) Elevar a motivação.
( ) Influenciar no estilo de vida dos funcionários.
( ) Reduzir o absenteísmo.
( ) Aprimorar os relacionamentos no trabalho.
( ) Reter os talentos na empresa diminuindo o *turnover.*
( ) Reduzir custos de assistência médica.
( ) Ressaltar a imagem da empresa.
( ) Melhorar o clima organizacional.

ANEXO H

Perfil do Ambiente e Condições de Trabalho

O ambiente e as condições de trabalho têm grande influência na saúde geral e na qualidade de vida de todos os indivíduos.

Os itens abaixo representam características ambientais e das condições de trabalho relacionadas ao bem-estar individual. Manifeste-se sobre cada item considerando a seguinte escala:

[0] Ruim
[1] Regular/Sofrível
[2] Bom (Boa)
[3] Excelente

Componente: Ambiente Físico

a.	Condições de limpeza e iluminação do seu local de trabalho	[0] [1] [2] [3]
b.	Adequação ergonômica do mobiliário e equipamentos	[0] [1] [2] [3]
c.	Condições de ruído e temperatura	[0] [1] [2] [3]

Componente: Ambiente Social

d.	Relacionamento com os demais trabalhadores	[0] [1] [2] [3]
e.	Relacionamento com seu(s) chefe(s) imediato(s)	[0] [1] [2] [3]
f.	Oportunidades para expressar suas opiniões relacionadas ao trabalho	[0] [1] [2] [3]

Componente: Desenvolvimento e Realização Profissional

g. Oportunidades de crescimento e aperfeiçoamento profissional oferecidos pela empresa [0] [1] [2] [3]

h. Nível de conhecimento/habilidade para realizar suas tarefas [0] [1] [2] [3]

i. Grau de motivação e ânimo ao chegar para trabalhar [0] [1] [2] [3]

Componente: Remuneração e Benefícios

j. Remuneração em relação ao trabalho que realiza [0] [1] [2] [3]

k. Benefícios de saúde oferecidos pela empresa aos trabalhadores [0] [1] [2] [3]

l. Oportunidades de lazer e congraçamento entre trabalhadores e familiares [0] [1] [2] [3]

Componente: Relevância Social do Trabalho

m. Imagem da empresa perante a sociedade [0] [1] [2] [3]

n. Relevância do seu trabalho para a empresa e a sociedade [0] [1] [2] [3]

o. Nível de equilíbrio entre sua vida profissional e pessoal/familiar [0] [1] [2] [3]

PERFIL DO AMBIENTE E CONDIÇÕES DE TRABALHO

Considerando suas respostas aos 15 itens da página anterior, procure colorir a figura abaixo construindo uma representação pictorial do ambiente e das condições do seu trabalho

- Deixe em branco se você marcou zero para o item.
- Preencha do centro até o primeiro círculo se marcou [1].
- Preencha do centro até o segundo círculo se marcou [2].
- Preencha do centro até o terceiro círculo se marcou [3].

Perfil do AMBIENTE E CONDIÇÕES DE TRABALHO
Data: ___/___/___

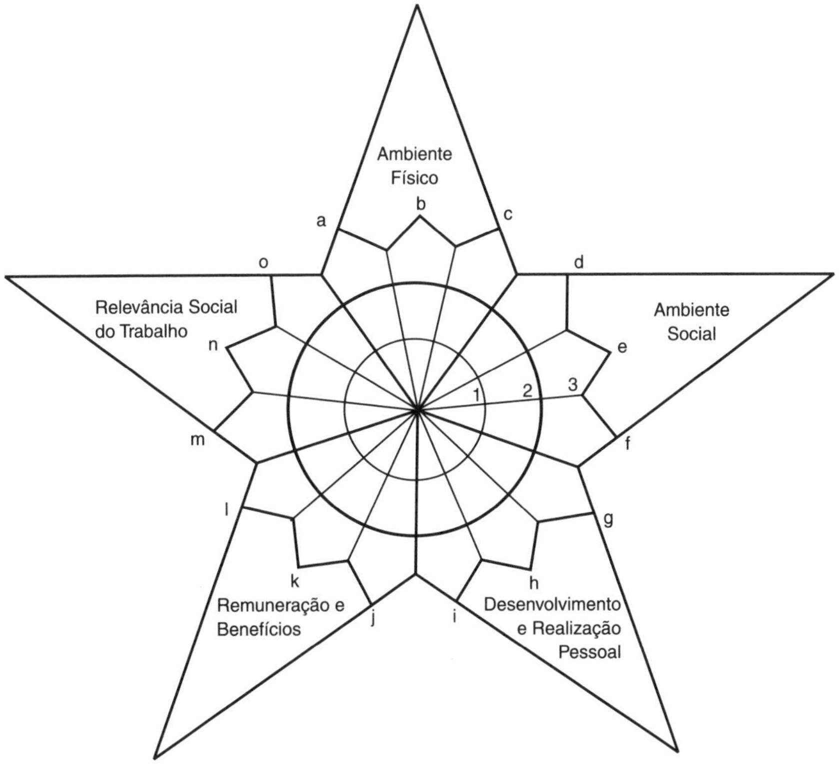

Fonte: Nahas, 2006, Botti et alii, 2006.

ANEXO I

Pesquisa Sobre a Cultura Organizacional

Assinale com um X as afirmações com as quais você concorda.

1. Nossa organização é conhecida como inovadora. ( )
2. Nossa empresa reconhece a importância dos funcionários para os seus resultados. ( )
3. Os funcionários, em geral, reconhecem que os gerentes estão preocupados com as questões de saúde das pessoas. ( )
4. Em geral, não existe desconfiança entre funcionários e gerentes. ( )
5. Novos programas são acompanhados pelos gerentes de maneira adequada. ( )
6. Os funcionários normalmente reagem favoravelmente às iniciativas dos gerentes. ( )
7. Novas propostas são geralmente bem recebidas pelos funcionários. ( )
8. Os funcionários em geral preocupam-se e apoiam uns aos outros. ( )
9. Os gerentes são bons modelos nas questões de qualidade de vida e bem-estar. ( )
10. Os gerentes normalmente demonstram que valorizam suas equipes. ( )
11. Nossos procedimentos de segurança estão acima da média. ( )
12. Outros funcionários na empresa valorizam o estilo de vida saudável. ( )
13. A saúde em geral é algo importante para os funcionários. ( )

(Adaptado de *Planning Wellness: Getting Off a Good Start*, Chapman, 2005.)

ANEXO J

Risco para Doença Cardiovascular – América Latina (OMS)

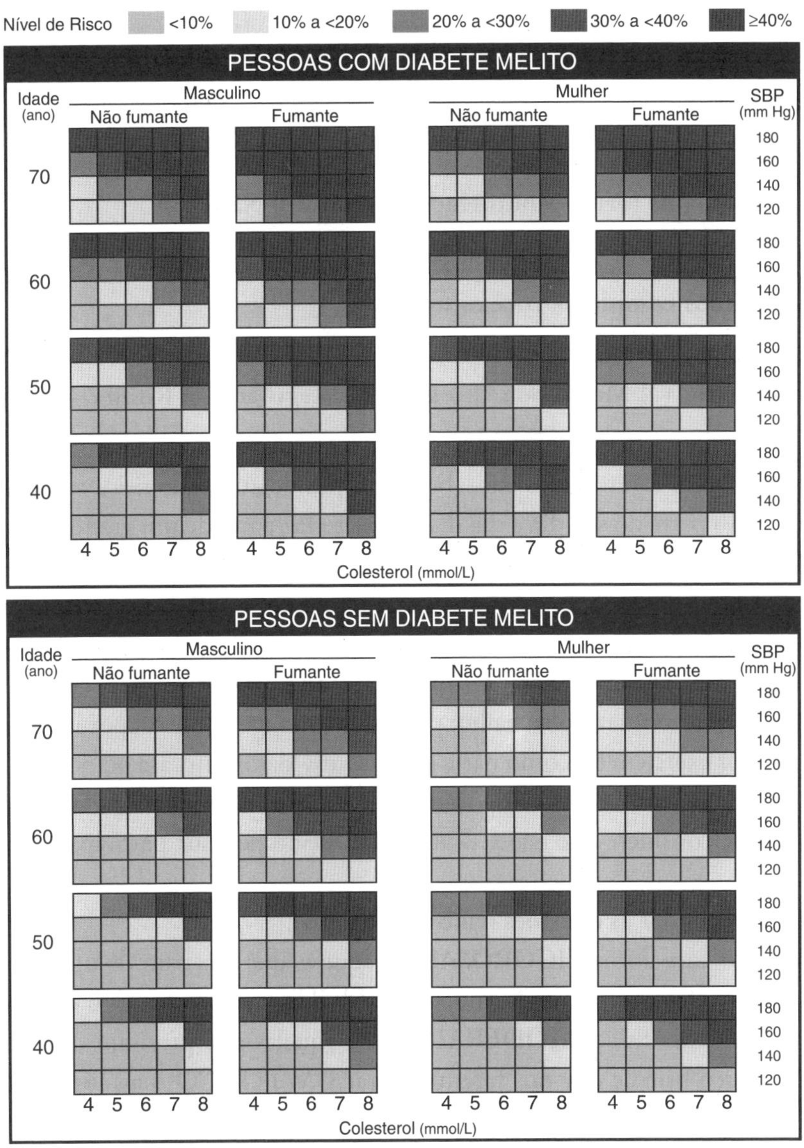

ANEXO **K**

Questionário Internacional de Atividade Física

Nome:____________________________________ **Data:** ___/ ___ / ___

Idade: ____ **Sexo: F ( ) M ( )**

Você trabalha de forma remunerada: ( ) Sim ( ) Não

Quantas horas você trabalha por dia: ____

Quantos anos completos você estudou: _____

De forma geral sua saúde está:
( ) Excelente ( ) Muito boa ( ) Boa ( ) Regular ( ) Ruim

Nós estamos interessados em saber que tipos de atividade física as pessoas fazem como parte do seu dia a dia. Este projeto faz parte de um grande estudo que está sendo feito em diferentes países ao redor do mundo. Suas respostas nos ajudarão a entender o quão ativos nós somos em relação às pessoas de outros países. As perguntas estão relacionadas ao tempo que você gasta fazendo atividade física em uma semana **(última semana)**. As perguntas incluem as atividades que você faz no trabalho, para ir de um lugar a outro, por lazer, por esporte, por exercício ou como parte das suas atividades em casa ou no jardim. Suas respostas são MUITO importantes. Por favor, responda a cada questão mesmo que considere que não seja ativo. Obrigado pela sua participação!

Para responder às questões lembre-se de que:

- Atividades físicas **VIGOROSAS** são aquelas que precisam de um grande esforço físico e que nos fazem respirar MUITO mais forte que o normal.
- Atividades físicas **MODERADAS** são aquelas que precisam de algum esforço físico e que nos fazem respirar UM POUCO mais forte que o normal.

SEÇÃO 1 – ATIVIDADE FÍSICA NO TRABALHO

Esta seção inclui as atividades que você faz no seu serviço, que abrangem trabalho remunerado ou voluntário, as atividades na escola ou faculdade e outro tipo de trabalho não remunerado fora da sua casa. **NÃO** incluir trabalho não remunerado que você faz na sua casa como tarefas domésticas, cuidar do jardim e da casa ou tomar conta da sua família. Estas serão incluídas na Seção 3.

1a. Atualmente você trabalha ou faz trabalho voluntário fora de sua casa?

( ) Sim ( ) Não – Caso você responda não **vá para Seção 2: Transporte.**

As próximas questões são em relação a toda a atividade física que você fez na **última semana** como parte do seu trabalho remunerado ou não remunerado. **NÃO** inclua o transporte para o trabalho. Pense unicamente nas atividades que você faz por **pelo menos 10 minutos contínuos**:

1b. Em quantos dias da última semana, você **andou**, por **pelo menos 10 minutos contínuos, como parte do seu trabalho**? Por favor, **NÃO** inclua o andar como forma de transporte para ir ou voltar do trabalho.

_______ dias na **SEMANA** ( ) nenhum – **Vá para a questão 1d.**

1c. Quanto tempo, no total, você gastou **POR DIA**, na última semana, caminhando **como parte do seu trabalho**?

_______ horas _______ minutos

1d. Em quantos dias da última semana, você fez atividades **moderadas**, por **pelo menos 10 minutos contínuos**, como carregar pesos leves, **como parte do seu trabalho**?

_______ dias na **SEMANA** ( ) nenhum – **Vá para a questão 1f.**

1e. Quanto tempo, no total, você gastou **POR DIA**, na última semana, fazendo atividades moderadas **como parte do seu trabalho**?

_______ horas _______ minutos

1f. Em quantos dias da última semana, você fez atividades **vigorosas** por **pelo menos 10 minutos contínuos**, como trabalho de construção pesada, carregar grandes pesos, trabalhar com enxada, escavar ou subir escadas **como parte do seu trabalho**?

_______ dias na **SEMANA** ( ) nenhum – **Vá para a questão 2a.**

1g. Quanto tempo, no total, você gastou **POR DIA**, na última semana, fazendo atividades físicas vigorosas **como parte do seu trabalho**?

_______ horas _______ minutos

SEÇÃO 2 – ATIVIDADE FÍSICA COMO MEIO DE TRANSPORTE

Estas questões se referem à forma típica como você se deslocou, na última semana, de um lugar para outro, incluindo seu trabalho, escola, cinema, lojas e outros.

2a. O quanto você andou, na última semana, de carro, ônibus, metrô ou trem?

_______ dias na **SEMANA** ( ) nenhum – **Vá para a questão 2c.**

2b. Quanto tempo, no total, você gastou **POR DIA**, na última semana, **andando de carro, ônibus, metrô ou trem**?

_______ horas _______ minutos

Agora pense **somente** em relação a caminhar ou pedalar para ir de um lugar a outro na última semana.

2c. Em quantos dias da última semana, você andou de bicicleta, por **pelo menos 10 minutos contínuos**, para ir de um lugar para outro? **NÃO** inclua o pedalar por lazer ou exercício.

_______ dias na **SEMANA** ( ) nenhum – **Vá para a questão 2e.**

2d. Nos dias em que você pedalou na última semana, quanto tempo no total você pedalou **POR DIA** para ir de um lugar para outro?

_______ horas _______ minutos

2e. Em quantos dias da última semana, você caminhou, por **pelo menos 10 minutos contínuos**, para ir de um lugar para outro? **NÃO** inclua as caminhadas por lazer ou exercício.

_______ dias na **SEMANA** ( ) nenhum – **Vá para a Seção 3.**

2f. Quando você caminhou, na última semana, para ir de um lugar para outro, quanto tempo **POR DIA** você gastou? **NÃO** inclua as caminhadas por lazer ou exercício.

_______ horas _______ minutos

SEÇÃO 3 – ATIVIDADE FÍSICA EM CASA: TRABALHO, TAREFAS DOMÉSTICAS E CUIDAR DA FAMÍLIA

Esta parte inclui as atividades físicas que você fez na última semana na sua casa e ao redor da sua casa, como, por exemplo, trabalho em casa, cuidar do jardim, cuidar do quintal, trabalho de manutenção da casa ou para cuidar da sua família. Novamente pense ***somente*** naquelas atividades físicas que você fez **por pelo menos 10 minutos contínuos**.

3a. Em quantos dias da última semana, você fez atividades **moderadas**, por pelo menos 10 minutos, como carregar pesos leves, limpar vidros, varrer, rastelar **no jardim ou quintal**?

_______ dias na **SEMANA** ( ) nenhum – **Vá para a questão 3c.**

3b. Nos dias em que você fez esse tipo de atividade, quanto tempo, no total, você gastou **POR DIA no jardim ou no quintal**?

_______ horas _______ minutos

3c. Em quantos dias da última semana você fez atividades **moderadas**, por pelo menos 10 minutos, como carregar pesos leves, limpar vidros, varrer ou limpar o chão **dentro da sua casa**?

_______ dias na **SEMANA** ( ) nenhum – **Vá para a questão 3e.**

3d. Nos dias em que você fez esse tipo de atividade moderadas **dentro da sua casa**, quanto tempo no total você gastou **POR DIA**?

_______ horas _______ minutos

3e. Em quantos dias da última semana, você fez atividades físicas **vigorosas no jardim ou quintal**, por pelo menos 10 minutos, como carpir, lavar o quintal, esfregar o chão?

_______ dias na **SEMANA** ( ) nenhum – **Vá para a Seção 4.**

3f. Nos dias em que você fez esse tipo de atividade vigorosa **no quintal ou jardim**, quanto tempo, no total, você gastou **POR DIA**?

_______ horas _______ minutos

SEÇÃO 4 – ATIVIDADE FÍSICA DE RECREAÇÃO, ESPORTE, EXERCÍCIO E LAZER

Esta seção se refere às atividades físicas que você fez na última semana unicamente por recreação, esporte, exercício ou lazer. Novamente pense somente nas atividades físicas que fez **por pelo menos 10 minutos contínuos**. Por favor, **NÃO** inclua atividades que você já tenha citado.

4a. Sem contar qualquer caminhada que você tenha citado anteriormente, em quantos dias da última semana você caminhou, **por pelo menos 10 minutos contínuos, no seu tempo livre**?

_______ dias na **SEMANA** ( ) nenhum – **Vá para a questão 4c.**

4b. Nos dias em que você caminhou **no seu tempo livre**, quanto tempo no total você gastou **POR DIA**?

_______ horas _______ minutos

4c. Em quantos dias da última semana, você fez atividades **moderadas no seu tempo livre**, por pelo menos 10 minutos, como pedalar ou nadar a velocidade regular, jogar bola, vôlei, basquete, tênis?

_______ dias na **SEMANA** ( ) nenhum – **Vá para a questão 4e.**

4d. Nos dias em que você faz essas atividades moderadas **no seu tempo livre**, quanto tempo no total você gastou **POR DIA**?

_______ horas _______ minutos

4e. Em quantos dias da última semana, você fez atividades **vigorosas no seu tempo livre**, por pelo menos 10 minutos, como correr, fazer exercícios aeróbicos, nadar rápido, pedalar rápido ou fazer jogging:

_______ dias na **SEMANA** ( ) Nenhum – **Vá para Seção 5.**

4f. Nos dias em que você fez essas atividades vigorosas **no seu tempo livre,** quanto tempo, no total, você gastou **POR DIA**?

_______ horas _______ minutos

SEÇÃO 5 – TEMPO GASTO SENTADO

Estas últimas questões são sobre o tempo que você permanece sentado todo dia, no trabalho, na escola ou faculdade, em casa e durante seu tempo livre. Isto inclui o tempo sentado estudando, sentado enquanto descansa, fazendo lição de casa, visitando um amigo, lendo, sentado ou deitado assistindo à televisão. Não inclua o tempo gasto sentando durante o transporte em ônibus, trem, metrô ou carro.

5a. Quanto tempo no total você gasta sentado durante um **dia de semana**?

_______ horas _______ minutos

5b. Quanto tempo no total você gasta sentado durante um **dia de final de semana**?

_______ horas _______ minutos

Fonte: CELAFISCS.

ANEXO L

Perfil do Estilo de Vida Individual

O *ESTILO DE VIDA* corresponde ao conjunto de ações habituais que refletem as atitudes, valores e oportunidades das pessoas. Essas ações têm grande influência na saúde geral e na qualidade de vida de todos os indivíduos.

Os itens abaixo representam características do estilo de vida relacionadas ao bem-estar individual. Manifeste-se sobre cada afirmação considerando a escala:

[**0**] Absolutamente **não** faz parte do seu estilo de vida.
[**1**] **Às vezes** corresponde ao seu comportamento.
[**2**] **Quase sempre** verdadeiro no seu comportamento.
[**3**] A afirmação é **sempre** verdadeira no seu dia a dia; faz parte do seu estilo de vida.

Componente: Nutrição

a. Sua alimentação diária inclui ao menos 5 porções de frutas e verduras. [0] [1] [2] [3]

b. Você evita ingerir alimentos gordurosos (carnes gordas, frituras) e doces. [0] [1] [2] [3]

c. Você faz 4 a 5 refeições variadas ao dia, incluindo café da manhã completo. [0] [1] [2] [3]

Componente: Atividade Física

d. Você realiza ao menos 30 minutos de atividades físicas moderadas ou intensas, de forma contínua ou acumulada, 5 ou mais dias na semana. [0] [1] [2] [3]

e. Ao menos duas vezes por semana, você realiza exercícios que envolvam força e alongamento muscular. [0] [1] [2] [3]

f. No seu dia a dia, você caminha ou pedala como meio de transporte e, preferencialmente, usa as escadas em vez do elevador. [0] [1] [2] [3]

Componente: Comportamento Preventivo

g. Você conhece sua PRESSÃO ARTERIAL, seus níveis de COLESTEROL e procura controlá-los. [0] [1] [2] [3]

h. Você NÃO FUMA e ingere ÁLCOOL com moderação (menos de 2 doses ao dia). [0] [1] [2] [3]

i. Você sempre usa cinto de segurança e, se dirige, o faz respeitando as normas de trânsito, nunca ingerindo álcool. [0] [1] [2] [3]

Componente: Relacionamento Social

j. Você procura cultivar amigos e está satisfeito com seus relacionamentos. [0] [1] [2] [3]

k. Seu lazer inclui reuniões com amigos, atividades esportivas em grupo ou participação em associações. [0] [1] [2] [3]

l. Você procura ser ativo em sua comunidade, sentindo-se útil no seu ambiente social. [0] [1] [2] [3]

Componente: Controle do Estresse

m. Você reserva tempo (ao menos 5 minutos) todos os dias para relaxar. [0] [1] [2] [3]

n. Você mantém uma discussão sem se alterar, mesmo quando contrariado. [0] [1] [2] [3]

o. Você procura equilibrar o tempo dedicado ao trabalho com o tempo dedicado ao lazer. [0] [1] [2] [3]

Considerando suas respostas aos 15 itens da página anterior, procure colorir a figura abaixo, construindo uma representação pictorial do seu estilo de vida atual.

- Deixe em branco se você marcou zero para o item.
- Preencha do centro até o primeiro círculo se marcou [1].
- Preencha do centro até o segundo círculo se marcou [2].
- Preencha do centro até o terceiro círculo se marcou [3].

Perfil do ESTILO DE VIDA INDIVIDUAL – Data: ___/___/___

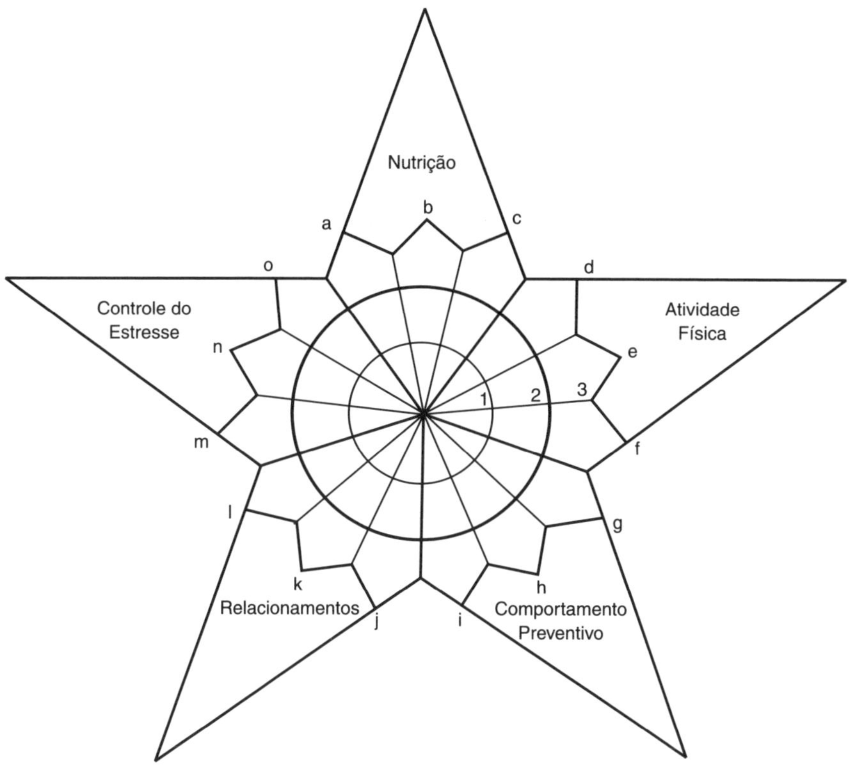

Fonte: Nahas, 2006.

ANEXO **M**

Perfil de Bem-estar e Qualidade de Vida

Procure responder ao questionário com sinceridade e reflita sobre o momento presente. São questões muito simples e você deve simplesmente indicar SIM ou NÃO. As respostas negativas indicam temas nos quais você pode se aprimorar. Também observe, nas diferentes dimensões, quais áreas precisam de mais atenção em seu planejamento para que você tenha uma melhor qualidade de vida.

Dimensão Física

1. Pratico pelo menos 30 minutos de atividade física moderada, cinco dias por semana. Procuro realizar, pelo menos duas vezes por semana, atividades de fortalecimento muscular. Quando faço atividades físicas, procuro executar exercícios de alongamento.
2. Minha alimentação é equilibrada. Evito gorduras e procuro comer frutas, verduras e alimentos ricos em fibras. Busco manter o peso em níveis adequados.
3. Não fumo e evito ambientes onde se fuma.
4. Evito ingerir bebidas alcoólicas em excesso.
5. Procuro o médico regularmente para uma avaliação de saúde.
6. Quando estou dirigindo, uso sempre o cinto de segurança e evito falar ao telefone celular. Não dirijo veículos quando ingiro bebidas alcoólicas.
7. Escovo os dentes após as refeições, uso fio dental diariamente e vou ao dentista todos os anos.

Dimensão Social

1. Mantenho uma boa relação com a minha família e amigos e procuro ter uma interação positiva no dia a dia.
2. Há pessoas em quem confio e com quem posso desabafar quando estou preocupado ou ansioso.

3. Estou satisfeito com a relação que mantenho com meus colegas no trabalho ou escola.
4. Procuro fazer algo por prazer, que me desperta muito interesse, ao menos uma vez por semana.
5. Busco estar envolvido em atividades da minha comunidade e que também contribuam para o meio ambiente.
6. Tento resolver os problemas e conflitos com as outras pessoas de maneira positiva.
7. Procuro ser gentil e atencioso com as outras pessoas.

Dimensão Emocional

1. Tenho sentimentos positivos em relação a minha vida e a mim mesmo.
2. Procuro resolver os conflitos com as outras pessoas de maneira positiva e respeitosa. Eu não fico nervoso nem perco a paciência com facilidade.
3. Sou capaz de lidar com os altos e baixos de minha vida de maneira saudável.
4. Consigo rir com facilidade. Tenho bom humor.
5. Sei dizer não sem me sentir culpado.
6. Sei relaxar sem o uso de medicamentos ou drogas.
7. Evito julgar as pessoas e não as culpo pelos problemas que enfrento. Procuro me comunicar com os outros e tento elogiar os seus atos positivos.

Dimensão Espiritual

1. Considero-me uma pessoa feliz. Tenho sensação de paz em relação a minha vida.
2. A minha vida tem sentido.
3. Procuro ter momentos de reflexão sempre que possível.
4. Tenho consciência de meus valores e crenças pessoais. Sinto-me equilibrado.
5. Proponho objetivos realistas para minha vida.
6. Sou tolerante com as crenças e valores dos outros.
7. Busco realizar atividades voluntárias de caráter comunitário.

(Teste elaborado por Alberto Ogata e Sâmia Simurro – uso somente com autorização expressa dos autores.)

ANEXO **N**

Muro do Bem-estar

Bem-estar é expandir a consciência de como você está sentindo e percebendo você mesmo e a vida ao seu redor. É aprender como deixar de lado aquelas emoções e imagens que o aprisionam. É reconhecer a importância de balancear o momento pessoal para quietude e criatividade com trabalho e outras responsabilidades. Bem-estar é se importar o bastante consigo próprio para querer descobrir mais sobre si mesmo. Dar ênfase ao desenvolvimento de seu potencial interno e externo no ambiente de trabalho.

Bem-estar é aceitar que não estamos sozinhos e separados, mas somos parte de um todo. Bem-estar é deixar fluir as circunstâncias e as pessoas, sem precisar dominá-las e controlá-las. Assim como estamos começando a recuperar e cuidar do planeta ao qual danificamos, temos que estender esse senso de unidade e plenitude para nosso ambiente de trabalho.

Bem-estar é crescer mais em relação ao desafio que estamos enfrentando. Não importa quais as provas da vida, o sofrimento pode ser minimizado, crescendo-se mais com elas pelo aumento da autoestima. Estresse, insatisfação, ansiedade e depressão significam uma diminuição do senso de poder próprio. Bem-estar no trabalho significa realizar a tarefa com uma força interna, confiança ou calma.

Bem-estar é o processo de tornar-se. É deixar de lado tudo que você não é, para revelar sua força, harmonia, alegria e sabedoria. É recuperar a alegria no trabalho e na vida pessoal.

EXPERIÊNCIA DO MURO DO BEM-ESTAR

Como está seu muro do bem-estar? Está faltando tijolos em várias linhas ou tem grandes buracos nele? Use esta experiência para acessar seu estado de bem-estar atual. Bem-estar é um processo ativo de tomar consciência de sua saúde e fazer escolhas na direção de melhores resultados. As palavras-chave são:

Processo: significa que nunca chegamos a um ponto onde não podemos melhorar.

Conscientização: estamos sempre em contato com nossa natureza e aprendendo sobre como aprimorar nossa saúde.

Escolhas: consideramos as várias alternativas e selecionamos aquelas que parecem ser as melhores.

Sucesso: é determinado pelo que cada indivíduo alcança em sua vida.

Bem-estar é atentar para os detalhes do autocuidado, assim como escolher um sapato que sirva, saber o nível de seu colesterol, usar filtro solar e fazer um *checkup* anual. É como colocar o cinto de segurança e usar fio dental na escovação. Significa tempo, não importando quanto você trabalha, para cuidar de si mesmo.

MURO DO BEM-ESTAR – Pinte os quadrados verdadeiros para você

Sente-se conectado com outros/ com a vida	Passa algum tempo com a natureza	Medita ou reza quando precisa	Lê/escuta algo inspirador todos os dias	Sente que sua vida tem profundo significado e propósito	Sente-se criativo	Sente-se intuitivo	ESPIRITUAL
Satisfeito com o trabalho	Consegue chorar ou ficar com raiva de forma apropriada	Tem bom humor e ri todos os dias	Tem um hobby que lhe dá prazer	Conversa ou recebe apoio quando está triste	Satisfeito com a família e com os relacionamentos	Possui autoestima e autoaceitação	EMOCIONAL
Dá e recebe abraços todos os dias	Relaciona-se bem com as pessoas	É membro ativo de pelo menos uma comunidade	Celebra ocasiões especiais	Diz "eu te amo" para alguém com frequência	Tem três amigos próximos	Equilibra o tempo entre trabalho, família e lazer	SOCIAL
Tem pressão arterial normal	Procura um médico quando doente	Colesterol < 200 e HDL < 4.6	Vacinação está em dia	Toma a medicação como indicado	Faz exames periódicos	Tem alimentação adequada	FÍSICA
Faz alongamentos diários	Pratica 30 min. de exercício na maioria dos dias	Usa protetor solar e evita se queimar ao sol	Sono adequado em quantidade e qualidade	Não faz uso de drogas	Controla o peso	Come devagar e mastiga bem os alimentos	FÍSICA
Consome fibras	Evita açúcar	Bebe 8 copos de água por dia	Evita o uso de álcool	Evita a fumaça	Gerencia de forma adequada o estresse	Gerencia o estresse de forma adequada	FÍSICA
Usa cintos de segurança	Não bebe e dirige	Não é fumante	Protege-se contra os acidentes domésticos	Usa protetores contra os acidentes no trabalho quando precisa	Pratica sexo seguro	Evita sair só à noite	SEGURANÇA

(Adaptado por Alberto Ogata e Sâmia Simurro do *Wellness Wall* desenvolvido por Valerie O'Hara.)

ANEXO O

Pesquisa de Necessidades e Interesses

INDIQUE AS ATIVIDADES DE SEU INTERESSE

Assinale **(3)** para atividades de muito interesse, **(2)** para as de interesse relativo e **(1)** para as de nenhum (ou pouco interesse).

	3 (muito interesse)	2 (pouco interesse)	1 (nenhum interesse)
ATIVIDADES EDUCATIVAS E PALESTRAS			
Prevenção de câncer			
Prevenção de doenças cardiovasculares			
Saúde da mulher			
Redução do colesterol			
Saúde do homem			
Prevenção de problemas de coluna e de postura			
Depressão			
Finanças pessoais			
Estresse			
Cuidados com os filhos			
Controlando a ira e as emoções			
PROGRAMAS DE ATIVIDADE FÍSICA			
Ginástica laboral			
Passeios e caminhadas			
Atividades esportivas			
Aulas de alongamento			

	3 (muito interesse)	2 (pouco interesse)	1 (nenhum interesse)
Aulas de ioga			
Aulas de dança de salão			
Academias de ginástica			
PROGRAMAS DE EDUCAÇÃO ALIMENTAR E NUTRIÇÃO			
Vigilantes do Peso			
Culinária saudável			
Controle do peso			
Controle do colesterol			
Cantinas e máquinas com alimentos saudáveis			
PROGRAMAS ESPECIAIS			
Gerenciamento do tempo			
Gerenciamento do estresse			
Cessação do tabagismo			
Preparação para aposentadoria			
QUAL É O MELHOR PERÍODO?			
Antes do início do trabalho			
Durante a hora do almoço			
Após o trabalho			

Anote abaixo outras sugestões ou temas de interesse

(Adaptado da pesquisa proposta por Welcoa, 2005.)

ANEXO **P**

Pesquisa sobre o Estágio de Prontidão para Mudança

Assinale SOMENTE UMA das afirmativas abaixo que melhor represente como você tem se sentido ultimamente:

( ) Preocupo-me com a minha saúde e qualidade de vida, mas não pretendo encontrar melhores meios de lidar com isso.

( ) Preocupo-me com a minha saúde e qualidade de vida e penso em encontrar melhores meios de lidar com isso nos próximos seis meses.

( ) Preocupo-me com a minha saúde e qualidade de vida e estou tentando encontrar melhores meios de controle sobre isso.

( ) Tenho cuidado melhor da minha saúde e qualidade de vida nos últimos meses.

( ) Estou tendo sucesso no gerenciamento da minha saúde e qualidade de vida por mais de seis meses.

(Baseado no Modelo de Prontidão para Mudança, Prochaska.)

ANEXO Q

Sugestões de Nomes para Programas de Bem-estar Qualidade de Vida

- Vida e Bem-estar
- Vida em Harmonia
- Mais Vida
- Viva a Vida
- Nova Vida
- Vida Feliz
- O Melhor da Vida
- Aproveite a Vida
- Feliz da Vida
- Viva Mellhor
- Bem Viver
- Bem-Estar
- Cuide-se Bem
- Excelência em Bem-Estar
- Sentindo-se Bem
- Vivendo Bem
- Estar Bem
- Ser e Bem estar
- Você Mais Saudável
- Mais Saúde
- Mais Energia
- Mais Você
- Equilíbrio
- Geravida
- Ser e Viver

- Viver Melhor
- Saúde e Alegria
- Melhor Saúde
- Entrando em Forma
- Ser Feliz
- Promovendo Saúde

LOGOS PARA PROGRAMAS DE BEM-ESTAR:

- Pessoas sorrindo
- Pessoas correndo
- Pessoa ou pessoas de braços abertos
- Arco-íris
- Face feliz
- Sol
- Pipa com sol
- Rede ou pessoa deitada na rede (em uma praia, por exemplo)
- Trevo
- Maçã
- Imagem que sugira energia, força, crescimento e desenvolvimento

TEMAS PARA PROGRAMAS DE BEM-ESTAR:

- Seja tudo o que você pode ser
- O prazer de estar bem
- Sentindo-se bem
- Tempo de bem-estar
- Momento saudável
- Sempre bem
- Tenha tempo para estar bem
- Mantendo-se saudável
- Você no comando
- O melhor de você

ANEXO **R**

Modelo de Sumário Executivo

I - INTRODUÇÃO

As rápidas mudanças no mundo corporativo e na economia trazem para as empresas um grande desafio: promover a saúde e o bem-estar de seus funcionários. As pessoas se constituem no diferencial competitivo de uma organização. Os programas de bem-estar e qualidade de vida podem ser uma importante ferramenta para manter a força de trabalho saudável, produtiva e criativa. Uma pesquisa divulgada pela Towers Perrin, em 2005, demonstra que os programas reduzem os custos com a assistência médica em até 33%. Outros benefícios são a redução do absenteísmo e presenteísmo, melhoria do ambiente organizacional e retenção de seus talentos. Empresas que possuem programas bem-sucedidos reportam que, para cada dólar investido, existe um retorno financeiro que varia de US$1,81 a US$6,15.

A (nome da empresa) tem como política (política da empresa) a promoção do equilíbrio entre o homem, o trabalho e o meio ambiente. Preservar esse equilíbrio exige que se desenvolvam nas pessoas atitudes e escolhas que possibilitem o bem-estar e o estilo de vida saudável, uma vez que esse é o principal determinante para o adoecimento. A pesquisa de avaliação inicial realizada em nossa empresa apresentou (x%) de sedentarismo, (x%) de excesso de peso e (x%) de níveis elevados de estresse. As ações de ergonomia, massagem, nutrição e de integração existentes não são suficientes para a mudança desse cenário. A implementação de um programa de qualidade de vida com ações integradas e planejadas torna-se uma necessidade, além de ser um interesse de nossos funcionários, como apontado na pesquisa de necessidades e interesses.

Qualidade de vida, segundo a Organização Mundial da Saúde, é "A percepção do indivíduo de sua posição na vida, no contexto da cultura e sistema de valores em que vive e em relação a suas expectativas, seus padrões e suas preocupações" (OMS, 1995). O programa (nome do programa da empresa) terá como **missão** a promoção de mudanças comportamentais para um estilo de vida saudável entre os funcionários e seus familiares através de um conjunto de ações sensibilizadoras e ordenadas para a melhoria do bem-estar e produtividade dos funcionários. A **visão** da (nome da empresa) é ser reconhecida interna e externamente como uma empresa onde a qualidade de vida faz parte da cultura, através da sua prática diária com programas educativos, melhoria de benefícios, envolvimento dos funcionários, seus dependentes e comunidade. Para a concretização das ações, a busca de apoio das lideranças, o planejamento estratégico anual, a avaliação de necessidades e interesses da população em questão são fundamentais.

II – PROPOSTA DO PROGRAMA

O programa (nome do programa de qualidade de vida da empresa) tem como meta a promoção do bem-estar e da saúde dos funcionários num prazo de dois anos, por meio da implementação do programa de qualidade de vida.

Para alcançar essa meta, o programa de qualidade de vida se iniciará com ações de orientação nutricional, estímulo à atividade física e de gerenciamento de estresse neste primeiro ano, com o objetivo de reduzir os principais problemas encontrados na avaliação (sobrepeso, sedentarismo e estresse).

As ações terão como objetivos específicos no primeiro ano:

1. Aumentar o número de funcionários que recebem orientação nutricional e reduzir em (x%) o excesso de peso dos funcionários.
2. Aumentar em (x%) o número de funcionários fisicamente ativos.
3. Aumentar a percepção dos funcionários de suas habilidades de enfrentamento do estresse e reduzir os níveis de estresse de forte para moderado em (x%).

III – PROGRAMAÇÃO DAS ATIVIDADES

O programa terá início com as atividades do programa nutricional **(Anexo 1)**, programa de gestão de estresse **(Anexo 2)** e de estímulo à atividade física **(Anexo 3)**.

IV – INVESTIMENTOS PREVISTOS

Para a implementação do programa e o desenvolvimento das ações descritas será necessário o investimento inicial de R$ XXX (discriminar).

V – PROPOSTA DE CRONOGRAMA

O programa terá seu lançamento no mês de dezembro, aproveitando o momento de final de ano, quando as pessoas estão mais sensibilizadas para realizar mudanças para o ano seguinte e para a confraternização. Em seguida, as ações serão implementadas segundo o cronograma anexo.

VI – PLANO DE AVALIAÇÃO

Após um ano de programa, será realizada uma avaliação dos resultados alcançados com as ações oferecidas. Essa avaliação se dará num prazo de (x meses) da seguinte forma:

- **Número de Atividades** (planejadas e realizadas).
- **Avaliação de Satisfação** dos participantes.
- **Avaliação de Resultados** (através da avaliação das metas atingidas na reunião de 1 ano do programa).
- **Avaliação Qualitativa** por meio de relatos informais de participantes e gestores.
- **Pesquisa de Clima Organizacional.**

Serão priorizados os impactos das ações no controle do peso, sedentarismo e estresse dos funcionários pela aplicação de questionários pré e pós-intervenção. No final desse período, será apresentado um relatório individual para os funcionários e um relatório gerencial para empresa com sugestões de melhoria nas ações pelos prestadores desses serviços.

VII – PROPOSTA DOS PASSOS SEGUINTES

Os grandes desafios dos programas serão:

- Manter a motivação dos colaboradores e intensificar a participação nas ações.

- Aprimorar as avaliações de resultados.
- Aumentar a participação e conhecimento do colaborador na elaboração de novas ações.
- Ampliar o número de atividades disponibilizadas e oferecer algumas ações aos familiares.

VIII – ANEXOS

Anexo 1: Atividades de Nutrição

1. NÍVEL I: Sensibilização

- Distribuição de folder educativo.
- Palestras.
- Dicas por e-mail.
- Receitas saudáveis disponibilizadas na intranet.
- Avaliações de glicose, colesterol, índice de massa corporal e circunferência abdominal.
- Concurso de receitas.

2. NÍVEL II: Mudança de Estilo de Vida e Comportamento

- Sugestões p/ composição do prato no restaurante, mediante nº de calorias.
- Formação do grupo de reeducação alimentar e perda de peso.
- Curso de culinária (sobremesas light, cozinha rápida e saudável, etc.).
- Plano de reeducação alimentar individual.

3. NÍVEL III: Ambiente de Suporte

- Acompanhamento periódico do peso corporal.
- Acompanhamento do cardápio.
- Plantão de dúvidas com a nutricionista.
- Opções saudáveis nas máquinas de alimentos.
- Oferta de frutas no período da tarde.

■ Anexo 2: Gestão do Estresse

Descrição: Gestão do Estresse é um tipo de treinamento sistêmico (holístico), de integração das diferentes dimensões humanas. É um trabalho que informa, motiva, guia, inspira e apoia o indivíduo, no sentido de fazer mudanças entendidas como necessárias. Ele habilita o indivíduo para que possa aperfeiçoar seu planejamento, sua função cognitiva e alcançar objetivos.

Objetivo: O objetivo é possibilitar às pessoas a identificação e melhor administração dos fatores e níveis de estresse em suas vidas. O modelo pretende promover e facilitar mudanças para o alcance das metas na direção do alívio do estresse e consequente melhoria nas diferentes dimensões da vida: física, emocional, social e espiritual.

Método e Processos

1. Primeira Fase: Avaliação Diagnóstica

Avaliação Formal:

- Nível de estresse.
- Estágio de prontidão para a mudança.

2. Segunda Fase: Sensibilização/Comunicação

- Pílulas de motivação: mensagem semanal educativa de sensibilização por envio eletrônico.
- Cartazes e banners devem conter orientações de como participar ou onde obter mais informações.
- Mensagem em jornal interno: mensagem "Toques e Dicas" mensais no jornal da empresa.
- "Ao vivo": artistas (de diferentes tipos) percorrendo as instalações.
- Palestra de sensibilização: palestra de esclarecimento.
- CDs: relaxamento como incentivo para a participação.

3. Terceira Fase: Intervenções de Mudança de Comportamento

3.1. Intervenções individuais

- **Entrevista inicial:** Após a avaliação, os colaboradores recebem a devolutiva. Os estressores pessoais são identificados no trabalho e na vida e elabora-se um plano de metas e alternativas para o melhor manejo dos fatores de estresse.
- **Plantão antiestresse na empresa:** Os colaboradores, após a devolutiva e orientação inicial sobre o manejo do estresse excessivo, têm à dispo-

sição profissionais treinados para esclarecimento de dúvidas, suporte, orientação e encaminhamento.
- ***Follow-ups*:** E-mail, telefone e/ou mensagem eletrônica.

3.2. Intervenções de grupo
- **Grupos:** Formação de grupos de discussão e suporte relacionados aos temas de fatores de estresse específicos.
- **Workshops:** Encontros de 1h30, com 5 a 20 pessoas.

Anexo 3: Atividade Física

Descrição: a promoção da atividade física é fundamental para reduzir os fatores de risco para doenças crônicas e estimular a mudança do estilo de vida e a melhoria da percepção do bem-estar dos trabalhadores.

Objetivo: estimular os trabalhadores para que sejam mais ativos no dia a dia, na ida para o trabalho, durante as atividades cotidianas e nos momentos de lazer.

Métodos e processos

1. Primeira fase: Avaliação diagnóstica
- Avaliação do nível de atividade física através da aplicação do questionário IPAQ curto.

2. Segunda fase: Sensibilização/Comunicação
- Palestras
- Cartazes, folhetos
- Mensagens na intranet, e-mails
- Caminhadas, passeios

3. Terceira fase: Mudança de comportamento
- Aconselhamento individual
- Ginástica laboral com ações educacionais
- Academia de ginástica na empresa
- Subsídios e convênios com academias
- Ações com pedômetro
- Aulas de dança de salão

4. Quarta fase: Intervenções no ambiente
- Espaço para caminhar
- Escadas limpas, arejadas e bem iluminadas

ANEXO **S**

Temas para Palestras

I. Algumas Sugestões de Temas para Palestras em ATIVIDADE FÍSICA

- Benefícios da Atividade Física: Capacidade Aeróbica, Flexibilidade, Tônus Muscular
- A Atividade Física Segura: Como Identificar o Seu Limite
- Sentindo Prazer na Prática da Atividade Física

II. Sugestões de Temas para Palestras em NUTRIÇÃO

- Alimentação Saudável
- Comportamento Alimentar
- Nutrição na Terceira Idade
- Saúde, Nutrição e Bem-estar
- A Alimentação Relacionada às Diferentes Condições Clínicas (Hipertensão, Colesterol, Stress, Risco Cardíaco, Diabetes, Obesidade etc.).

III. Sugestões de Temas para Palestras em SEGURANÇA

- Segurança Doméstica
- Segurança no Trabalho
- Comportamentos de Risco (Álcool, Sexo Seguro, Direção Segura, Violência)
- Prevenção de Incidentes

IV. Sugestões de Temas para Palestras em ERGONOMIA

- Postura Adequada
- Dores de Coluna

V. Sugestões de Temas para Palestras em SAÚDE EMOCIONAL E GESTÃO DO ESTRESSE:

- Autoconhecimento
- O Estresse e Seus Efeitos
- O Gerenciamento do Estresse
- Gerenciamento de Tempo
- Técnicas de Relaxamento
- Resiliência
- Relacionamento Interpessoal
- Equilíbrio Emocional

ANEXO **T**

Pesquisa de Cultura – Suporte para Estilo de Vida Saudável

Human Resources Institute, 2000.

LIFEGAIN

A cultura organizacional exerce um importante papel para o suporte de um estilo de vida saudável. A pesquisa confidencial e anônima a seguir pretende mensurar como isso funciona em sua empresa. Os resultados dessa pesquisa serão utilizados para melhorar os serviços oferecidos no programa de qualidade de vida.

Instruções para o preenchimento:

Por favor, indique seu nível de concordância com as afirmações a seguir utilizando a escala:

Discordo fortemente.
Discordo.
Nem concordo, nem discordo.
Concordo.
Concordo fortemente.

Obrigado!

As seguintes perguntas pedem sua opinião sobre a atmosfera social no trabalho. Lembre-se, não existe resposta certa ou errada. Por favor, selecione a resposta que mais parece a exata para você.

Utilize a seguinte escala:

Discordo fortemente.	(1)
Discordo.	(2)
Nem concordo/Nem discordo.	(3)
Concordo.	(4)
Concordo fortemente.	(5)

(1) (2) (3) (4) (5)	■ Viver um estilo de vida saudável é um forte valor na minha unidade de trabalho.
(1) (2) (3) (4) (5)	■ Meu supervisor imediato é um exemplo de estilo de vida saudável.
(1) (2) (3) (4) (5)	■ Meu local de trabalho demonstra comprometimento no suporte ao estilo de vida saudável, disponibilizando recursos financeiros, tempo e espaço.
(1) (2) (3) (4) (5)	■ As pessoas na minha unidade de trabalho são orientadas sobre a necessidade de alcançar um estilo de vida saudável.
(1) (2) (3) (4) (5)	■ Os novos funcionários estão cientes do suporte da organização para o estilo de vida saudável.
(1) (2) (3) (4) (5)	■ Os funcionários em meu local de trabalho são estimulados e recebem incentivos para um estilo de vida saudável.
(1) (2) (3) (4) (5)	■ Em meu local de trabalho, a participação nas atividades do programa de qualidade de vida é uma forma de integração e de conhecer novas pessoas.
(1) (2) (3) (4) (5)	■ Em meu local de trabalho, os comportamentos insalubres, como fumar, beber em excesso, são desestimulados.
(1) (2) (3) (4) (5)	■ Existe um sentido de comunidade em minha unidade de trabalho (por exemplo, as pessoas realmente se conhecem, possuem uma sensação de pertencimento e se importam umas com as outras, procurando ajudar nos momentos de necessidade).
(1) (2) (3) (4) (5)	■ Existe uma visão compartilhada em minha unidade de trabalho (por exemplo, as pessoas sentem que a conduta da organização é consistente com os valores pessoais e se sentem dentro de um contexto).

<table>
<tr><td>(1) (2) (3) (4) (5)</td><td>■ Existe uma visão positiva em minha unidade de trabalho (por exemplo, as pessoas apreciam o trabalho, comemoram as realizações e adotam uma postura de dar o melhor de si).</td></tr>
<tr><td>(1) (2) (3) (4) (5)</td><td>■ Meu supervisor imediato dá suporte aos esforços dos funcionários de adotarem práticas mais saudáveis de estilo de vida.</td></tr>
<tr><td>(1) (2) (3) (4) (5)</td><td>■ Meus colegas de trabalho dão suporte aos esforços de adotar práticas mais saudáveis de estilo de vida.</td></tr>
<tr><td>(1) (2) (3) (4) (5)</td><td>■ Meus amigos e familiares dão suporte aos esforços de adotar práticas mais saudáveis de estilo de vida.</td></tr>
<tr><td colspan="2">EM MINHA UNIDADE IMEDIATA DE TRABALHO,
É ESPERADO QUE AS PESSOAS...</td></tr>
<tr><td>(1) (2) (3) (4) (5)</td><td>■ Sejam fisicamente ativas, andar pelo menos 30 minutos na maioria dos dias da semana.</td></tr>
<tr><td>(1) (2) (3) (4) (5)</td><td>■ Comam somente porções de alimento que as manterão com um peso saudável.</td></tr>
<tr><td>(1) (2) (3) (4) (5)</td><td>■ Comam alimentos de baixa caloria, açúcar refinado, porções de grãos, frutas e vegetais.</td></tr>
<tr><td>(1) (2) (3) (4) (5)</td><td>■ Bebam com moderação (isto significa não mais que 14 doses por semana ou não mais que 5 doses em um dia).</td></tr>
<tr><td>(1) (2) (3) (4) (5)</td><td>■ Usem cintos de segurança quando no carro.</td></tr>
<tr><td>(1) (2) (3) (4) (5)</td><td>■ Sigam as instruções de segurança do trabalho (isso inclui boas práticas e organização do ambiente de trabalho para evitar acidentes).</td></tr>
<tr><td>(1) (2) (3) (4) (5)</td><td>■ Não fumem.</td></tr>
<tr><td>(1) (2) (3) (4) (5)</td><td>■ Cheguem descansados ao trabalho.</td></tr>
<tr><td>(1) (2) (3) (4) (5)</td><td>■ Estejam em dia com a sua avaliação médica.</td></tr>
<tr><td colspan="2">PERGUNTAS SOBRE MUDANÇAS NO ESTILO DE VIDA</td></tr>
<tr><td>(1) (2) (3) (4) (5)</td><td>■ Você tem buscado suporte para uma ou mais mudanças de estilo de vida como tentar perder peso, exercitar ou gerenciar o estresse no último ano?</td></tr>
<tr><td>(1) (2) (3) (4) (5)</td><td>■ Se sim, quão bem-sucedido foi você em manter seu novo e desejado estilo de vida?</td></tr>
</table>

Fonte: Judd Allen, 2009 (Traduzido e adaptado por Sâmia Simurro e Alberto Ogata com autorização do autor. Uso somente com autorização expressa. Vedado o uso comercial).

Healthyculture.com em Survey@healthyculture.com.
Endereço: 115 Dunder Road, Burlington, Vermont USA 05401
Telefone: (802) 862-8855
Fax: (802) 862-6389

ANEXO U

Sugestões de Atividades de Baixo Custo

PROGRAMAS DE AVALIAÇÃO EM SAÚDE

Você pode incluir um treinamento ou minipalestras por ocasião do exame periódico de saúde. Os exames (colesterol, glicose, acuidade visual, pressão arterial etc.) podem despertar os trabalhadores para a questão da qualidade de vida.

É possível realizar muitos exames através de parcerias com os planos de saúde, laboratórios de análises clínicas, indústrias farmacêuticas e instituições públicas.

BIBLIOTECA DE QUALIDADE DE VIDA

Criar uma biblioteca de qualidade de vida possibilitará aos empregados a oportunidade de explorar, por si próprios, os temas de interesse em saúde. É possível a obtenção de rico material em órgãos governamentais, associações e sociedades científicas. Você pode incluir:

- Livros de receita.
- Livros sobre temas em saúde.
- Livros de desenvolvimento pessoal.
- Apostilas e brochuras em saúde.
- Artigos de jornal e revista.
- Vídeos e DVDs.

GRUPOS DE APOIO E SUPORTE

Crie grupos de apoio para empregados que estão em dieta, ex-fumantes, portadores de lombalgia crônica ou cuidadores de crianças ou idosos. Os membros do grupo podem organizar as reuniões e convidar os participantes. Não há um formato predefinido. Tudo pode ser definido: duração, frequência das reuniões, número de participantes etc. Mas o objetivo sempre é o mesmo: apoio mútuo entre os seus membros.

LANCHONETE/*VENDING MACHINES*

Procure oferecer alimentos saudáveis nas máquinas de autosserviço (frutas secas, barras de cereais, iogurtes desnatados, sucos, cereais etc.). Na lanchonete, ofereça alimentos com bom conteúdo nutricional, apresentando seu conteúdo calórico e de gorduras.

BOLETIM/JORNAL

Não conte somente com a popularidade boca a boca de seu programa. Publique um boletim de qualidade de vida ou escreva artigos e colunas no jornal da empresa. Utilize a intranet ou a rede interna de e-mails.

INTERVALOS

Nos intervalos das atividades, reuniões, coloque uma música suave e promova uma atividade com alongamentos. Se estiver disponível, utilize a equipe de ginástica laboral. Se os empregados começarem a se exercitar nos intervalos, poderão se mobilizar para atividades mais longas e amplas. Coloque material sobre saúde, atividade física e alimentação nos espaços para os *breaks*. Lembre-se de incluir sucos e frutas.

HORA DO ALMOÇO

Até mesmo um sanduíche frio pode ser saboroso se você agendar seminários "Almoce e Aprenda" sobre tópicos em saúde. Além disso, você pode organizar caminhadas ou mapear roteiros para caminhar durante a hora do almoço. Não se esqueça da parceria com os nutricionistas do restaurante para oferecer alimentos saudáveis.

SEMANA DE QUALIDADE DE VIDA

Organize uma semana de qualidade de vida, e os empregados irão ter uma experiência diferente: aprender enquanto participam de sorteios, exames, palestras, dia sem fumar, corridas e caminhadas, orientações em primeiros socorros, oficinas de cozinha light e diet, demonstrações e workshops. Se você oferecer uma boa variedade de atividades, todos participarão.

SEMANAS TEMÁTICAS

Escolha um assunto para uma semana e ofereça um leque de atividades. Por exemplo, uma semana de atividade física pode incluir um filme sobre exercícios aeróbicos, uma palestra de corrida, um passeio de bicicleta e uma caminhada.

MENSAGENS NOS CONTRACHEQUES

Os holerites são uma boa via de transmitir mensagens saudáveis. Você pode colocar inserções sobre (1) tabagismo, (2) diabetes, (3) atividade física, (4) cuidados com os olhos, (5) primeiros socorros, (6) cuidados com os dentes, (7) câncer de pele, (8) vacinações, (9) cuidados com as costas, (10) direção defensiva, (11) pressão alta, (12) redução de doenças cardíacas, (13) prevenção de câncer, (14) primeiros socorros.

EVENTOS ESPECIAIS E COMPETIÇÕES

Podemos envolver os empregados em muitas horas de atividades saudáveis durante os eventos especiais e competições. Campeonatos de futebol, tênis, voleibol, competições de subir escadas ou festas podem envolver um grande número de participantes. Aproveitar eventos especiais como Páscoa, festa junina ou Natal para atividades que envolvam bem-estar e qualidade de vida.

POSTERS E CARTAZES

Coloque mensagens e boas novidades sobre saúde e qualidade de vida. Utilize corredores, elevadores, salas de estar e refeitórios/restaurantes.

PALESTRAS

Impressione os empregados agendando palestras dinâmicas discutindo temas em saúde e qualidade de vida. Selecione palestrantes na própria comunidade, que, geralmente, cobram custos mais baixos. Entre em contato com associações, com o plano de saúde e com órgãos governamentais.

LOGO DO PROGRAMA

Descubra os talentos da casa e faça um concurso para o logo do programa. Use-o em todas as atividades.

CALENDÁRIO DE QUALIDADE DE VIDA

Elabore um calendário com dicas de saúde e as datas especiais em saúde e lembretes para as avaliações e exames. Datas especiais devem ser celebradas com sugestões e orientações.

FEIRAS DE SAÚDE

Há uma atividade de impacto que chama a atenção para a qualidade de vida, prevenção de doenças: uma feira de saúde. Você não precisa ser um especialista nesses assuntos. Agências e associações relacionadas a doenças do coração, câncer, diabetes, artrite, doença de Alzheimer, bem como entidades do governo, geralmente participam, sem nenhum custo, desse tipo de feira. Elas podem fazer apresentações, distribuir material, realizar avaliações e oferecer oportunidades de acompanhamento posterior, quando necessário. Sendo criativo, há muitos caminhos para oferecer informação e sensibilizar as pessoas, como, por exemplo: (1) filmes, (2) palestras, (3) exposições, (4) exercícios, (5) panfletos, (6) jogos, (7) demonstrações, (8) exames, (9) workshops. As feiras de maior sucesso são as que mobilizam um grande número de participantes. Além disso, podemos usar recursos da comunidade, como (1) uso do telefone 190 – Polícia, (2) prevenção de incêndios e acidentes – Corpo de Bombeiros, (3) doação de órgãos – universidades, (4) cuidados com os dentes – associações de odontologia, (5) uso de cinto de segurança – Polícia Rodoviária ou DSV, (6) alimentação saudável – cozinhas experimentais, SESI, (7) inclusão do deficiente – APAE, AACD, (8) autoestima, estresse – clínicas psicológicas, universidades.

FALE COM O MÉDICO

Peça a colaboração de um médico de sua equipe para estabelecer um canal de comunicação com os colaboradores. Você pode criar uma coluna no jornal da empresa ou criar uma conta de e-mail na intranet para esse contato. O profissional não realizará atendimentos ou consultas à distância, mas poderá oferecer orientações gerais e dicas de autocuidado que podem ser preciosas.

GRUPOS DE APOIO

A mudança de comportamento exige o suporte social para a manutenção, evitando recaídas. Além disso, propiciar o encontro de pessoas que têm interesses em comum pode ajudar o apoio e a busca de soluções. Muitas vezes, somente é necessário encontrar um espaço (uma sala de reuniões em horários alternativos, por exemplo) e divulgar uma agenda de reuniões. Podemos utilizar também movimentos já estabelecidos, como Alcoólicos Anônimos. Temas como preparação para a aposentadoria, tabagismo, controle do peso, parentes de pessoas com necessidades especiais ou doença de Alzheimer, em tratamento de câncer etc.

(Adaptado de *Wellness in the Workplace – How to Plan, Implement and Evaluate a Wellness Program*, Sherman, e *Health Promotion – Ideas that Works – 84 Proven Activities for the Workplace*, Glaros.)

ANEXO V

Modelo de Cronograma do Planejamento do Programa de Saúde e Bem-estar

	PROGRAMA DE SAÚDE E BEM-ESTAR	Janeiro	Fevereiro	Março	Abril	Maio	Junho	Julho	Agosto	Setembro	Outubro	Novembro	Dezembro
1.	Desenho e planejamento do programa												
2.	Estudo e levantamento de fornecedores												
3.	Elaboração do projeto												
4	Discussão e ajuste do cronograma com a equipe envolvida												
	Ações de Pré - lançamento												
1.	Apresentação da proposta para a gerência de RH												
2.	Avaliação dos níveis de estresse												
3.	Apresentação do relatório gerencial para a equipe e sugestões de ações												
	Ações de Lançamento												
1.	Escolha dos indicadores econômicos e de saúde a serem acompanhados com as áreas envolvidas												
2.	Criação da visão, missão e logo do programa												
3.	Escolha das ações de lançamento												
4.	Cotação das ações de lançamento												
5.	Ação de lançamento (semana do bem-estar)												
	Desenvolvimento das Ações do Programa												
1.	Início do plantão de gestão emocional e de estresse												
2.	Incluir as outras ações em qualidade de vida que existem na empresa												

ROTAPLAN
GRÁFICA E EDITORA LTDA
Rua Álvaro Seixas, 165
Engenho Novo - Rio de Janeiro
Tels.: (21) 2201-2089 / 8898
E-mail: rotaplanrio@gmail.com